1682

SAMMLUNG
METZLER

REALIEN ZUR LITERATUR
ABT. E:
POETIK

EDWARD R. HAYMES

Das mündliche Epos

Eine Einführung
in die ›Oral Poetry‹
Forschung

MCMLXXVII

J. B. METZLERSCHE VERLAGSBUCHHANDLUNG

STUTTGART

CIP-Kurztitelaufnahme der Deutschen Bibliothek

Haymes, Edward
Das mündliche Epos: e. Einf. in d. »Oral-poetry«-
Forschung. – 1. Aufl. – Stuttgart: Metzler,
1977.
  (Sammlung Metzler; M 151: Abt. E, Poetik)
  ISBN 3-476-10151-7

ISBN 3 476 10151 7

M 151

© J. B. Metzlersche Verlagsbuchhandlung und Carl Ernst Poeschel Verlag GmbH

in Stuttgart 1977. Satz und Druck: Gulde-Druck, Tübingen

Printed in Germany

INHALTSVERZEICHNIS

Dieser Band der ›Sammlung Metzler‹ hat die Aufgabe, in die komparatistische Forschungsrichtung der sogenannten »oral poetry« einzuführen. Der vergleichenden Anwendung der Ergebnisse dieser Forschungsrichtung gilt das Hauptinteresse dieser Darstellung, weswegen die volkskundliche Beschäftigung mit dem Gegenstand gezwungenermaßen an zweiter Stelle stehen muß. Ich habe mich bemüht, den vielen verschiedenen Literaturen, akademischen Fachrichtungen und Theorien so gerecht zu werden wie nur möglich, aber ich bin mir meiner Schwächen wohl bewußt. Dem aufmerksamen Leser wird meine ursprüngliche Herkunft aus der germanistischen und anglistischen Mediävistik nicht entgehen. Es ist jedoch zu hoffen, daß die Breite der Darstellung den Leser für gelegentliche Versehen und Auslassungen entschädigt.

Ich möchte hier meinen Freunden und Kollegen Horst Brunner, Daton Dodson, Margret Eifler, Marlis Mehra und besonders Michael Kuhn aufrichtig für ihre freundliche Hilfe, kritische Lektüre des Manuskriptes und Aufmunterung zur Arbeit danken. Ein Research Initiation Grant der University of Houston ermöglichte den Anfang der Arbeit und die Geduld meiner Frau ihre Vollendung.

Houston/Texas, im Mai 1976

Edward R. Haymes

Actes	Actes du Ve Congrès de l'Association Internationale de Litterature Comparée (ed. Nikola Banašević) Belgrad, 1969.
Bäuml-Ward	Franz H. Bäuml und Donald J. Ward: Zur mündlichen Überlieferung des Nibelungenliedes. In DVjs 41, 1967, S. 351–390.
CL	Comparative Literature
CQ	Classical Quarterly
DVjs	Deutsche Vierteljahrsschrift für Literaturwissenschaft und Geistesgeschichte
ES	English Studies
FMLS	Forum for Modern Language Studies
Frings und Braun	Theodor Frings und Maximilian Braun: Brautwerbung. In: Berichte über die Verhandlungen der Sächs. Akad. d. Wiss. phil-hist. Kl., Bd. 96, 1947, Heft 2.
HSCP	Harvard Studies in Classical Philology
JAF	Journal of American Folklore
JFI	Journal of the Folklore Institute
MHV	The Making of Homeric Verse: The Collected Papers of Milman Parry (ed. Adam Parry), Oxford, 1971.
Magoun	Franciplegius: Medieval and Renaissance Studies in Honor of Francis P. Magoun, Jr. (ed. Jess B. Bessinger und Robert P. Creed), New York, 1965.
MP	Modern Philology
NM	Neuphilologische Mitteilungen
PMLA	PMLA (Publications of the Modern Language Association of America)
Se	Der Sänger erzählt (übers. von Helmut Martin), 1965; dt. Übersetzung von: Albert B. Lord: The Singer of Tales, Cambridge, Mass., 1960.
TAPA	Transactions and Proceedings of the American Philological Association
YCS	Yale Classical Studies

Jedes neue Kommunikationsmedium bringt eine entscheidende Änderung des menschlichen Bewußtseins. Seit der Arbeit der kanadischen Medienforscher, der Schule von *Innis* und *McLuhan*, ist diese Feststellung fast ein Gemeinplatz geworden, ohne daß die Literaturwissenschaft bisher die Konsequenzen dieses Ansatzes in ihrer Denkweise verfolgt und aufgearbeitet hätte. Die historische Folge der herrschenden Medien – von der Mündlichkeit zur Schrift, von der Schrift zum Druck, vom Druck zum Rundfunk, vom Rundfunk zum Fernsehen – beeinflußt entscheidend die Entwicklung anderer technischer Fähigkeiten und bewirkt eine entsprechende Änderung der menschlichen Denkweise. Wir haben dadurch das analphabetische Denken verlernt und stehen deshalb der vorliterarischen Kultur so fremd gegenüber, wie der Analphabet der unseren. Der Schreibende denkt anders als der Analphabet; er kann durch abermaliges Lesen sein Gedächtnis auffrischen; er kann auf weit Zurückliegendes Bezug nehmen; er kann komplizierte Inhalte durch hypotaktische Gebilde widerspiegeln. Der Analphabet neigt eher zum parataktischen Denken. Gegen das Nebeneinander, das dem Schreibenden möglich ist, setzt er gewöhnlich ein Nacheinander. Aus diesem Unterschied allein erwachsen dem Schreibenden erhebliche Schwierigkeiten, will er versuchen, die vorliterarische Wortkunst zu verstehen.

Um mündliche Dichtung richtig einschätzen zu können, muß man sich von einigen Vorurteilen unserer Kultur befreien. Wir meinen immer, die Schrift sei *die* conditio sine qua non einer hoch entwickelten Kultur. Dies ist aber keineswegs der Fall, wie archäologische und anthropologische Studien deutlich zeigen. Der blinde Fortschrittsglaube unserer Zivilisation sieht das Fehlen eines wichtigen Zuges unserer heutigen Kultur als ein einfaches Manko an. Fast jeder Fortschritt wurde aber mit dem Verlust wertvoller alter Kulturgüter erkauft. Der Gegenstand dieser Darstellung bietet ein gutes Beispiel dafür.

Zum Begriff des mündlichen Epos

Mündliches Epos heißt hier die breit erzählende Dichtung, die schriftlos entsteht und weiterlebt. Diese Dichtung ist keineswegs die einzige Form der schriftlosen Erzählkunst, aber sie ist für die vergleichende Literaturwissenschaft eine der Interessantesten, da sie formale und strukturelle Parallelen zu den großen Dichtungen der Vergangenheit (Homer, Beowulf-Epos, Nibelungenlied, Rolandslied usw.) aufweist. Diese Art der Epik hat sich vor allem bei den slavischen Völkern, bei den Finnen und Esten, bei den Griechen und bei den türkischen Völkern Asiens bis in die moderne Zeit erhalten. Obwohl das Vordringen der Schriftkultur einige dieser Traditionen zerstört und alle geschwächt hat, haben wir noch wichtige Sammlungen aus dem vorigen Jh. und dem ersten Teil unseres Jhs.

Man denkt gewöhnlich bei mündlicher Epik an Heldendichtung (siehe die Darstellung *Bowras*) und ein beträchtlicher Anteil ist auch Heldenepik, aber dies ist eher das Ergebnis der historischen Situation der Völker, die diese Dichtung hervorgebracht haben als die Wirkung eines Naturgesetzes. Viele vorliterarische Völker stehen in kriegerischer Auseinandersetzung mit ihren Nachbarn, was dann zwangsläufig einen Niederschlag in ihrer Dichtung findet. Diese Sachlage darf aber nicht zu einer Gleichsetzung beider Kategorien führen. Neben den bekannten heldenepischen Themen findet man auch eine schamanistische Richtung, vor allem bei den Finnen und einigen türkischen Völkern Sibiriens. In diesen Epen spielt die Lösung von Aufgaben durch Zaubermittel immer eine größere Rolle als die körperliche Leistung des Helden.

Die bekannten epischen Dichtungen werden meist in fortlaufenden Einzelzeilen erzählt. Diese Form verbindet sich mit einer einfachen Vortragsmelodie, die im Laufe eines langen Liedes mehrfach variiert werden kann. Die Versform kann so komplex werden wie der altgriechische Hexameter, so einfach wie der südslavische Zehnsilbler oder so unregelmäßig wie die schwankende Zeilenlänge der russischen Bylinen. Strophen sind in den modernen epischen Formen so gut wie unbekannt. (Die Ballade steht etwas außerhalb dieser Darstellung, da sie eigene Gesetze entwickelt. Siehe unten S. 28) Die einfache Melodie bietet an sich keine Möglichkeiten für musikalischen Ausdruck in unserem Sinne. Der Sänger kann seinen Vortrag durch größere Intensität der Stimme, durch Ausrufe oder durch Tonlagenwechsel ändern, aber die in der westlichen Musik übliche musikalische Expressivität kommt gar nicht vor. Der Gesang erfüllt wesentliche Funktionen beim Vortrag. Erstens hebt er das Erzählte aus der alltäglichen Rede heraus. Zweitens macht er den Sänger über weitere Entfernungen hör- und verstehbar. Drittens spielt der Gesang eine Rolle in der Erhaltung der metrischen Form, indem er es dem Sänger erleichtert, metrisch richtige Verse hervorzubringen.

Der Stil fast aller vorliterarischer Erzählgattungen erweckt beim modernen Leser den Eindruck der Objektivität. Die mündliche Kompositionstechnik spielt hier eine gewisse Rolle, da alle Helden, feindliche wie freundliche, in fast den gleichen Begriffen gelobt werden. Ein weiterer Zug der scheinbaren Objektivität ist die Veräußerlichung aller Gedanken oder Gefühle. Der Hörer erfährt gewöhnlich nur das, was er als unbeteiligter Beobachter hören oder sehen würde. Diese Züge ergeben die episch-distanzierte Darstellungsweise, die den einen Pol eines Stilkontinuums darstellt, das von dieser Objektivität bis zur völligen Subjektivität des »stream of consciousness« Ich-Erzählers reicht. Es muß freilich betont werden, daß nicht alle mündliche Epik diese epische Distanz in gleicher Ausprägung aufweist, aber die Neigung dazu ist schon in der mündlichen Kompositionstechnik vorhanden.

Die von *Parry* und *Lord* entwickelte Theorie der mündlichen Epenkomposition verdankt ihre Bekanntheit hauptsächlich der dreidimensionalen Darstellung der südslavischen Guslaren bei *Lord* (Se). Bis in die Mitte unseres Jahrhunderts hinein konnte man noch in entlegenen Gebieten Jugoslawiens den epischen Sänger in Kaffeehäusern antreffen. Diese Tradition reicht bis ins Mittelalter zurück und bietet eine Vielfalt an Stoffen und Stileigenarten (vgl. hierzu auch *Braun*). Die umfänglichsten Lieder fand man in den Gegenden, wo die jahrhundertelange türkische Herrschaft den Islam zur Volksreligion gemacht hatte. Dort bot der Fastenmonat Ramazan (serbisch Ramadan) eine einmalige Gelegenheit für die Entwicklung einer Großepik. Die Männer des Dorfes versammelten sich während dieses Monats jeden Abend im Kaffeehaus, um dort die ganze Nacht hindurch Kaffee zu trinken und Heldenlieder zu hören. Die meisten Guslaren (Guslar = Epensänger zur Gusle, einem einsaitigen Streichinstrument) waren nicht berufsmäßige Sänger, sondern Bauern oder Handwerker. Die Verszeilen des Textes wurden – gewöhnlich in einem näselnden Singsang – zu parallellaufenden Melodiezeilen gesungen, die trotz gewisser Variationsmöglichkeiten auf den Hörer, der die Sprache nicht versteht, eintönig wirken.

Die Lieder erzählen von Brautwerbungen, Schlachten, Abenteuern mit Feen, Heimkehr aus der Gefangenschaft und von anderen heldischen Stoffen. Manche der Lieder haben ihre Wurzeln in historischen Ereignissen wie der Schlacht auf dem Amselfeld (Kosovo Polje) im 14. Jh. Die mohammedanischen Sänger erzählen auch viele Geschichten, in denen die slavischen Mohammedaner als Verbündete der Türken auftreten. *Brauns* Darstellung der serbokroatischen Tradition in ihrer gesamten Breite enthält eine ausführliche Beschreibung der wichtigsten Stoffe, sowie Übersetzungen einiger kurzer Lieder.

Die amerikanische Forschung gebraucht den Terminus »oral poetry« für den Gegenstand dieser Darstellung und sowohl diese engli-

3

sche Form als auch deren deutsche Übersetzung »mündliche Dichtung« haben eine gewisse Verbreitung erlangt. Da aber »poetry« und »Dichtung« Bezeichnungen für alle poetische Gattungen sind, ist deren Gebrauch für eine Forschungsrichtung, die nur für das Epos volle Geltung beanspruchen kann, irreführend. Die Behandlung in diesem Band beschränkt sich also praktisch auf die Theorie, die aus den Arbeiten *Parrys* und *Lords* entwickelt wurde. Die wenigen Arbeiten, die sich unabhängig von Parry und Lord mit dem mündlichen Epos in dieser Weise beschäftigt haben, werden ebenfalls hier berücksichtigt, aber eine Behandlung aller Problemkreise der vorliterarischen Dichtung würde den Rahmen dieser hauptsächlich für den Komparatisten, Germanisten und Mediävisten gedachten Darstellung sprengen.

Unsere Darstellung beschränkt sich aus den oben erwähnten Gründen auf die Gattung *Epos.* Es gibt selbstverständlich auch lyrische Dichtung in vorliterarischer Tradition, aber die von *Parry* und *Lord* entwickelte Theorie hat für sie nur geringe Geltung. Das mündliche Epos, das hier im Vordergrund steht, ist breit erzählende Dichtung, meist mit einer Länge von mehr als 200–300 Zeilen. Die Lieder der Parry-Collection schwanken gewöhnlich zwischen 600 und 1200 Versen. Einige Lieder dieser Sammlung erreichen jedoch eine Länge von über 12 000 Versen.

Die Entwicklung der Theorie bei Parry und Lord

Obwohl die Grundlagenforschung zur mündlichen Epik nicht erst mit Parry anfängt, ist er der erste, der in seinen Arbeiten sowohl die literarisch-philologische als auch die folkloristische Seite des Problems erfaßt hat. Homer-Forscher wie *Meister* und *Meillet* haben die Sprache der homerischen Epen schon als eine von der Sprache anderer Dichtung verschiedene Sondersprache erkannt. Volkskundeforscher wie *Radloff, Murko* und *Meier* haben ähnliche Erscheinungen in vorliterarischer Volksepik beobachtet. Meier hat sogar eine vergleichende Erforschung dieser Ähnlichkeit vorgeschlagen, aber sein Aufruf blieb ohne Folgen. *Parry* (der Meiers Arbeiten nicht kannte) war jedoch der erste, der aus den manchmal vagen Vermutungen seiner Vorgänger eine brauchbare Methodik entwickeln konnte. (Parrys Arbeiten sind in MHV gesammelt.) Angeregt durch Vorschläge des Slavisten Murko, suchte er bei den epischen Sängern (Guslaren) Jugoslawiens eine Bestätigung seiner aus der homerischen Dichtersprache entwickelten Theorie, daß die homerischen Epen mündliche Kompositionen seien. Zu diesem Zweck sammelte er in den Jahren 1933–35 mehr als 12 000 Texte, die dann in der Bibliothek der Harvard University deponiert wurden. Auf der letzten dieser Reisen begleitete ihn sein Schüler *Lord,* der dann nach Parrys Tod (1935) die Betreuung der nunmehr »Milman Parry Collection« genannten Sammlung übernahm. Manches an der Theorie Parrys wird noch zu berichtigen sein, dennoch ist es sein Verdienst, die Entwicklung der Homer-Forschung der letzten fünfzig Jahre stark verändert zu haben. In den letzten zwanzig Jahren hat seine Methode die Mediävistik und sogar die Volkskunde beschäftigt. Parrys grundlegende Erkenntnis war, daß die mündliche Epik ganz anderen formalen Gesetzen unterworfen sein müsse als die schriftliche. Er meinte, wenn man diese Unterschiede klar umreißen könnte, wäre es ein leichtes, bei älterer Dichtung (vor allem bei Homer) Mündliches von Schriftlichem zu unterscheiden und zu trennen. Wie dieser Band zeigen will, ist es weder ihm noch seinen Nachfolgern gelungen, diese Unterscheidung klar und jenseits aller Zweifel durchzuführen. Dennoch wurde durch seine Forschungen erst das Verständnis für die notwendigen Kompositionsmittel der vorliterarischen Dichtkunst geweckt. Dieses Verständnis ist die Voraussetzung für die Würdigung der Leistung sowohl der vorliterarischen als auch der damit in Berührung entstandenen literarischen Epik.

Lord hat in seinem Buch »Der Sänger erzählt« (Se) die von Parry entwickelte Theorie am Gegenstand der südslavischen Epik dargestellt. Seiner Beschreibung nach ist die mündliche Epik Produkt und Ausdruck einer vorliterarischen Kultur, d. h. einer Kultur, in der die Schrift noch keine Rolle spielt. Mündliche Epik kann in einer Kultur weiterleben, in der die Schrift bekannt ist, aber sie wird bestimmt untergehen, wo die Schrift zum herrschenden Ausdrucksmittel geworden ist. Parrys und Lords Aufnahmen zeigen deutlich, daß es sich bei den serbokroatischen Sängern um mündliche Komposition bei Vortrag handelt. Dieses muß betont werden, da zu oft bei mündlicher Dichtung nur an den mündlichen Vortrag vorher verfaßter und auswendig gelernter Lieder gedacht wird. Obwohl der Sänger sein Lied vor dem Publikum improvisiert, glaubt er selber, daß er sein Lied wortgetreu wiederholt. Für ihn ist die getreue Wiedergabe des Stoffes gleichbedeutend mit der (vermeintlichen) wörtlichen Wiederholung des Liedes.

Diese traditionsgebundene Improvisation ist nur möglich durch Anwendung der technisch-formalen Mittel, die der Sänger unbewußt mit seinen Liedstoffen aufgenommen hat. Die Beschreibung dieser Mittel ist die Hauptleistung der Forschungen von Parry und Lord. Das nächste Kapitel behandelt sie unter den von Parry entwickelten Kategorien.

Literatur:
Maximilian Braun: Das serbokroatische Heldenlied, 1961.
Harold Innis: The Bias of Communication, Toronto, 1951.
Marshall McLuhan: The Gutenberg Galaxy, Toronto, 1962.
John Meier: Werden und Leben des Volksepos, 1909.
Antoine Meillet: Les Origines indo-européennes des métres grecs, Paris, 1923.
Karl Meister: Die homerische Kunstsprache, Leipzig, 1921.
Matija Murko: Bericht über eine Bereisung von Nordwestbosnien und der angrenzenden Gebiete von Kroatien und Dalmatien behufs Erforschung der Volksepik der bosnischen Mohammedaner. In: SB der Akad. d. Wiss. in Wien, Phil.-hist. Kl. 173, 1913, 3. Abhandlung.
Ders.: La Poésie Populaire èpique en Yougoslavie au Debut du XXe Siécle, Paris, 1929.

Bibliographien und Forschungsberichte:
Edward R. Haymes: A Bibliography of Studies Relating to Parry's and Lord's Oral Theory. Cambridge, Mass., Center for the Study of Oral Literature, 1973.
Adam Parry: Introduction, in MHV, S. IX-LXII.
Ann Chalmers Watts: The Lyre and the Harp, New Haven, Connecticut, 1969.

Sammlungen mündlicher Epik:
N. P. Andrejeff: Byliny: Ruskij Geroitscheskij Epos, Moskau, 1938.
A. M. Astachowa: Byliny, Moskau und Leningrad, 1966.
A. F. Gil'ferding: Onezhskie byliny, [4]3 Bde., Moskau und Leningrad, 1949.
Vuk Stepanović Karadžić: Srpske narodne pjesme, 4 Bde., 1841, 1845, 1845 u. 1862.
Milman Parry: Serbocroatian Heroic Songs. Cambridge, Mass., I, 1954, II, 1953, I II und IV, 1974. Die Reihe wird fortgesetzt.
Wilhelm Radloff: Proben der Volkslitteratur der nördlichen türkischen Stämme, 10 Bde., St. Petersburg, 1886–1904.
P. N. Rybnikoff: Pesni, [2]3 Bde., Moskau, 1909–1910.

Frings und *Braun* bieten eine gute Auswahl in deutscher Übersetzung. Weitere Angaben finden sich in *Bowra:* Heldendichtung, und im ersten Band der Sammlung von *Parry*. Bei *Parry* findet man auch eine Liste deutscher Übertragungen aus der südslavischen Tradition.

I. FORMALE ASPEKTE DER MÜNDLICHEN DICHTKUNST

»Briefly, the aim of the study was to fix with exactness the *form* of oral story poetry to see wherein it differs from the *form* of written story poetry.« (MHV, S. 469) In diesem Satz charakterisierte *Parry* die Aufgabe der oral-poetry Forschung als einer Bestimmung der formalen Elemente. Die Form der mündlichen Epik soll beschrieben werden, damit man sie von der schriftlichen unterscheiden kann, auch dort wo die Texte selbst die einzigen Zeugnisse ihrer Entstehung sind, wie im Falle der homerischen Epen. Im Folgenden sollen die formalen Elemente der mündlichen Epik, die in der Forschung der Parry-Lord-Schule eine wichtige Rolle spielen, im einzelnen dargestellt werden.

Die Formel

Parry definierte die Formel als »a group of words which is regularly employed under the same metrical conditions to express a given essential idea.« (MHV, S. 272) Diese Definition entstand aus der Vorstellung, daß beim mündlichen Kompositionsvorgang fertige Teilchen (d. h. festgefügte Wortgruppen) gewissermaßen mosaikartig zusammengesetzt würden. Parry entwickelte diese Vorstellung der traditionellen Epensprache im Laufe seiner Untersuchungen der homerischen Epitheta, deren organisiertes Vorkommen im gesamten Korpus ein solches Bild nahelegte.

Parry kennzeichnete das System mit den Stichworten »extension« and »economy«. Durch das erstere bezeichnete er die Vielfalt, die »Ausdehnung« der Epitheta. Es gibt in den homerischen Epen Tausende von Nomen-Epitheton Kombinationen. Zugleich aber ist dieses ungeheure System sehr »ökonomisch«, da es so gut wie keine überflüssige Kombinationen gibt, d. h. keine, die für die gleiche Figur den gleichen metrischen Stellenwert besitzen. Es kommt für jeden Namen, bzw. für jede Bezeichnung nur eine Nomen-Epitheton-Kombination im gesamten Textgefüge vor (bei nur wenigen Ausnahmen). Parry sah in diesem System das Produkt einer natürlichen Auslese, die nur in einer mündlichen Tradition über Generationen hin hatte geschehen können.

Nach dieser an sich vollständigen Untersuchung der Nomen-Epitheton-Kombinationen glaubte Parry einen Grundzug der homerischen Dichtersprache erkannt zu haben. Er nahm an, daß diese Kombination von »Ausdehnung« und »Ökonomie« auch in den noch nicht untersuchten Teilen der homerischen Epensprache vorkommen müßte. (Spätere Untersuchungen von ihm und von anderen haben aber gezeigt, daß die übrige Homersprache weit weniger »formelhaft« ist als das Nomen-Epitheton-System.) Bei dieser frühen Forschungslage formulierte er seine Theorie und Definition der mündlichen Formel. Diese in gewissen Zügen noch unreife Formeltheorie bestimmte die Richtung der oral poetry Forschung bis in die sechziger Jahre hinein.

Parry lehnte ursprünglich jede künstlerische Originalität im Gebrauch der homerischen Epitheta ab. Seiner Ansicht nach hatte der Dichter eigentlich keine Wahl, sobald es feststand, daß ein gewisser Name an einer bestimmten Stelle im Hexameter genannt werden mußte. Er mußte einfach die dafür vorgeprägte Nomen-Epitheton-Kombination einsetzen (vgl. MHV, S. 21–23). Diese mechanistische Beschreibung rief bei vielen Homer-Forschern Befremden hervor. Man wollte unbedingt den schöpferisch dichtenden Homer vor dem Angriff dieses »Darwins« retten (vgl. *Combellack, Bassett, Pope, Wade-Gery*). Die meisten Argumente für und gegen Parrys Auslegung reden freilich aneinander vorbei. Die Gegner behaupten, die homerischen Epen könnten ihrer hohen Qualität wegen nicht durch mündliche Komposition entstanden sein. Die Befürworter argumentieren fast ausschließlich mit den formalen Elementen, die Parry herausgelöst und dargestellt hatte. In den letzten Jahrzehnten hat sich aber eine Differenzierung in den Ansichten der Nachfolger Parrys bemerkbar gemacht, und die neueren Studien geben ein viel flexibleres Bild der homerischen Dichtersprache, ohne die Grundsätze Parrys völlig zu verlassen. (Vgl. *Hoekstra, Hainsworth, A. Parry* und bes. *Nagler*.)

Das System der Nomen-Epitheton-Kombinationen ist zwar von beträchtlichem Umfang, aber dennoch im Rahmen einer praktikablen Studie zu bewältigen. Eine vergleichbare Untersuchung der gesamten Epensprache war damals (d. h. 1928, ohne die Möglichkeit eines Computereinsatzes) für Parry undenkbar. Er wollte aber die hohe Formeldichte der ganzen Dichtung veranschaulichen. Er folgerte aus seiner eigenen Formeldefinition, daß eine Wortgruppe, die »regularly employed« wird, im Laufe eines Korpus von etwa 30 000 Versen mehrfach vorkommen müßte. Er verließ seine Grundsätze der »Ausdehnung« und »Ökonomie« eines Systems und ließ die einfache Wiederholung einer Wortgruppe als Erkennungsmerkmal der Formel gelten. Diese Vereinfachung führte zum folgenreichsten Fehlschluß der ganzen Forschungsrichtung. Seit Parry geht die Praxis der meisten Forscher nämlich dahin, Formel und Wiederholung gleichzusetzen. Bei *Lord* findet man den Ausdruck »straight formula«, womit er eine Wortgruppe, die an beliebiger Stelle im Korpus wörtlich wiederholt wird, bezeichnet. Parry selbst erkannte diese Gefahr und warnte davor: »It is important at this point to remember that the formula in Homer is not necessarily a repetition, just as the repetitions of tragedy are not necessarily formulas. It is the nature of an expression which makes of it a formula [...]« (MHV, S. 304).

Das von *Parry* ungelöste Problem lag eben in »the nature of an expression«, die diese als Formel erkennbar machen sollte. Parry meinte, in seiner Formeldefinition eine klar greifbare und erkennbare Gestalt umrissen zu haben, aber seine Definition stellt, wie *Rogers* inzwischen dargelegt hat, eine unzulässige Vermischung linguistischer, stilistischer und psychologischer Ebenen dar. Parrys Erklärungen zu den einzelnen Aspekten seiner Formeldefinition zeigen ein naives Verständnis der hypothetischen Sängerpsychologie: »The word-group is employed regularly when the poet uses it without second thought as the natural means of getting his idea into verse.« (MHV S. 272) Aus dieser und ähnlichen Bemerkungen Parrys wird klar, daß die Formel hauptsächlich als praktisches Handwerkzeug eines mündlichen Sängers zu begreifen war. Diese Beschäftigung mit dem Sänger, seiner Tradition und seiner Psychologie führte zu Parrys Entschluß, nach Jugoslawien zu reisen, um dort mündliche Epik zu sammeln, und kennzeichnet noch stärker die Leistungen Lords und des von ihm geleiteten Center for the Study of Oral Literature, dessen Kernstück die Milman Parry Collection bildet.

Lord betrachtete das von Parry in Jugoslawien gesammelte Material durch das vorgegebene Schema der Parryschen Hypothesen. Er suchte bei den serbokroatischen Heldenliedern die totale Formelhaftigkeit, die *Parry* bei der homerischen Dichtung postuliert hatte, d. h. er erwartete, daß jeder Versteil irgendwo im Korpus wiederholt würde. Er räumte zwar ein, daß die Wiederholungen nicht das Wichtigste bei der mündlichen Komposition seien, sondern »daß die Formeln selbst für das Verständnis der Technik mündlicher Tradition wahrscheinlich weniger wichtig sind als die verschiedenen Modelle, die ihnen zugrunde liegen, und die Fähigkeit des Sängers, seine Sprache diesen Modellen anzupassen.« (Se, S. 76) Bei der Formeluntersuchung einer Textprobe verrät er jedoch wieder die Grundvorstellung einer ganz aus Wiederholungen bestehenden Liedsprache: »Wenn wir mehr als 12 000 Verse untersucht hätten, wäre die Anzahl von Formeln weiter angestiegen; sobald wir Material von anderen Sängern hinzugezogen hätten, wäre sie noch größer geworden, bis sich herausgestellt hätte, daß alle oder fast alle Verse in dem Textausschnitt Formeln sind, die aus Halbversen bestehen, welche ihrerseits als Formeln betrachtet werden müssen.« (Se, S. 80) Das Einsetzen fertiger Formeln spielt ohne Zweifel eine erhebliche Rolle bei der Komposition der südslavischen mündlichen Epik, aber die Tatsache, daß nicht einmal aus dem Vorrat von 12 000 aufgezeichneten Versen die totale Formelhaftigkeit im Sinne Lords an einer kurzen (30 Halbverse umfassenden) Textprobe belegt werden konnte, zeigt, daß die Mosaikvorstellung reformbedürftig war.

Der Unterschied zwischen Formel und Wiederholung liegt in dem von Parry gestellten Anspruch, mit dem Begriff ›Formel‹ einen Teil der eigentlichen Kompositionsprozesse des Sängers zu erklären. Formel ist also das mündliche Kompositionsmittel an sich, während Wiederholung ein manchmal zufälliges Phänomen der sprachlichen Oberfläche bleibt. Komposition durch mündliche Formeln wird zwangsläufig wiederholungsreich sein, aber es ist ein schwerwiegender Trugschluß, die Wiederholung als Formel schlechthin zu betrachten. Eine kurze Wortgruppe, die innerhalb eines Korpus von 30 000 Versen nur zweimal vorkommt, kann kaum als »regularly employed« angesehen werden. Wenn man nur wörtlich wiederholte Verse als »straight Formula« (Lord) gelten läßt und umfangreiche Gruppen verwandter Verse in eine zweite, weniger beweiskräftige Kategorie »formulaic« weist, dann hat die Wiederholung eine Bedeutung erhalten, die ihr gar nicht zukommt, während die strukturelle Grundlage der Formelsprache vernachlässigt wird.

Die Wiederholungsstatistik kann eine gewisse Geltung als heuristisches Mittel beanspruchen, aber es kann keine Rede davon sein, Wiederholung und Formel auch in der Theorie einander gleichzusetzen. Man bekommt bei einer Zählung der Wiederholungen eine Andeutung der Formeldichte, aber es wird Wiederholungen geben, die nicht zum traditionellen Formelschatz gehören, und es wird Formeln geben, die zufällig innerhalb eines gegebenen Korpus nicht wiederholt werden. Bei der statistischen Untersuchung eines umfangreichen Textes mögen sich beide Fehlerquellen die Waage halten, aber bei einer detaillierten Untersuchung kann man nicht einfach jede wiederholte Zeile als Formel und jede nicht wiederholte Zeile als Nicht-Formel betrachten.

Literatur:
Samuel Eliot Bassett: The Poetry of Homer, Berkeley, Calif., 1938.
Frederick M. Combellack: Milman Parry and Homeric Artistry. In: CL 11, 1959, S. 193–208.
John B. Hainsworth: The Flexibility of the Homeric Formula, Oxford, 1968.
A. Hoekstra: Homeric Modifications of Formulaic Prototypes, Amsterdam, 1965.
Albert B. Lord: Homer as Oral Poet. In: HSCP 72, 1967, S. 1–46.
Michael N. Nagler: Spontaneity and Tradition, Berkeley, Calif., 1974.
Adam Parry: Have We Homer's Iliad? In: YCS 20, 1966, S. 177–216.
M. W. M. Pope: The Parry-Lord Theory of Homeric Composition. In: Acta Classica 6, 1964, S. 1–21.
H. L. Rogers: The Crypto-Psychological Character of the Oral Formula. In: ES 67, 1966, S. 89–102.
H. T. Wade-Gery: The Poet of the Iliad. Cambridge, 1952.

Schon *Parry* erkannte die nahe Verwandtschaft gewisser Wortgruppen, die keine wörtlichen Wiederholungen bilden, die aber eine Ähnlichkeit in Struktur und Inhalt aufweisen. Um diese Wortgruppen zu erfassen, entwickelte er den Begriff des Formelsystems (»formulaic system«): »a group of phrases which have the same metrical value and which are enough alike in thought and words to leave no doubt that the poet who used them knew them not only as single formulas, but also as formulas of a certain type.« (MHV, S. 275) Hier sind die Kriterien wieder in der Psychologie des Sängers zu suchen. Wie im Falle der Formel/Wiederholung entwickelte sich bald ein modus operandi, der sich wenig um die Definition kümmerte. Man arbeitete einfach mit den Ersatzmöglichkeiten im Vers, wie z. B. im folgenden Beispiel aus der serbokroatischen Tradition:

	kuli		Turm
a u	dvoru	und im	Schloß
	kući		Haus

(Se, S. 65)

Der Sänger kann praktisch jede zweisilbige Ortsbezeichnung hier einsetzen. Durch die Aufstellung solcher Systeme können manche formelhafte Wendungen als solche erkannt werden, ohne daß sie irgendwo wörtlich wiederholt werden. Die Ersatzmöglichkeiten eines Formelsystems werden besonders wichtig in einer Dichtung, deren Form einen Stab- oder Endreim verlangt.

Um bei der Aufstellung solcher Systeme sicherzugehen, muß man möglichst viele Belege zusammentragen, damit man nicht eine zufällige Ähnlichkeit zwischen zwei Versen als »Formelsystem« verkennt. Man darf die durch die Anwendung des Systembegriffs gewonnenen »formelhaften« Ausdrücke nicht einfach der Statistik der Wiederholungen zuschlagen. *Minton* hat mit Recht den Versuch *Russos* getadelt, rhythmische Strukturen einfach als Formeln zu bezeichnen, um im Sinne der Mosaikvorstellung weitere Wiederholungen und dadurch einen höheren statistischen Wert zu gewinnen. Auf dem Gebiet des Formelsystems, wo die strenge Notwendigkeit der wörtlichen Wiederholung verlassen wird, tauchen die meisten methodischen und praktischen Probleme der Formelanalyse auf. *Magoun* und seine Schüler haben einen sehr lockeren Systembegriff angewendet, um die verhältnismäßig niedrige Wiederholungsdichte der altenglischen Dichtung zu erhöhen. Mit Recht tadelt *Rogers* im oben erwähnten Aufsatz die extensive Handhabung des Systembegriffs bei Magoun.

Trotz der vielen damit verbundenen Probleme sieht *Fry* im Formelsystem die eigentliche Grundstruktur der mündlichen Dichtkunst. Er verlangt für die altenglische Dichtung eine strengere Anwendung der metrischen Bedingungen, indem er nur ganze Verse (Halbzeilen) als Mitglieder des Systems gelten läßt. Seine Definition lautet: »a group of half-lines usually loosely related metrically and semantically, which are related in form by the identical relative placement of two elements, one a variable word or element of a compound usually supplying the alliteration, and the other a constant word or element of a compound, with approximately the same distribution of non-stressed elements.« (S. 203) Hinter den wegen der Besonderheiten der altenglischen Versform komplizierten Klauseln dieser Definition findet man immer noch die communis opinio der Forschung: ein Formelsystem besteht aus einer Gruppe metrisch austauschbarer Ausdrücke, die eine lexikalisches Element beibehalten, während andere Elemente ersetzt werden können (wie z. B. im oben erwähnten Beispiel). *Fry* geht dann einen Schritt weiter und wagt eine neue Formeldefinition: »a group of words, one half-line in length, which shows evidence of being the direct product of a formulaic system.« (S. 204) Die Formel wird also erst erkennbar, wenn man sie im Rahmen der systematischen Organisation der Epensprache sieht.

Der nächste Schritt war die Aufgabe des geforderten gemeinsamen lexikalischen Elements. Ansatzhaft geschah dies schon 1960 in dem Aufsatz von *Schmaus*, der eigentlich außerhalb der Parry-Lord Schule steht. Er wies darauf hin, »daß der geläufige Begriff der epischen Formel zu starr und einseitig ist«. (S. 395) Als vorzüglicher Kenner der serbokroatischen Liedkunst bekämpfte er die Vorstellung, »die Schaffung von Neuliedern oder die Reproduktion alter Lieder bereite keine sonderliche Schwierigkeiten, wenn der Sänger nur die bereitstehenden festen Formeln und (für Beschreibungen) die fertigen Klischees kenne und diese geschickt durch Übergange zu verbinden verstehe. Unbestrittenermaßen gehen aber nur die schlechten Sänger so zu Werke.« (S. 407) Als Alternative zur festen Formel bot er eine Reihe »metrisch-syntaktischer Modelle« aus der Praxis der südslavischen Sänger an. Schmaus blieb bei einer Andeutung der Möglichkeit, daß solche metrisch und syntaktisch festen Strukturen die Grundlage der epischen Formkunst bilden könnten. *O'Neil* führte demgegenüber eine Untersuchung aller möglichen syntaktischen Gestaltungen des altenglischen Verses durch. *Cassidy* faßte die Ergebnisse O'Neils neben denen *Gattikers* in einem Aufsatz »How Free was the Anglo-Saxon Scop?« zusammen. In der altenglischen Dichtung findet man demnach nur 25 verschiedene metrisch-syntaktische Modelle, wobei die 10 häufigsten mehr als drei viertel der Belege ausmachen. Diese kleine Anzahl möglicher metrisch-syntaktischer Modelle in der altenglischen Dichtung erinnert wieder an Parrys Kriterium der Ökonomie.

Frys neue Formeldefinition, die die Formel als Produkt des Formelsystems sieht, deutet auf eine mögliche Neuorientierung der Formelforschung. Die Gefahr der subjektiven Fehlentscheidung, die von *Rogers* im oben erwähnten Aufsatz bei der Magoun-Schule getadelt wurde, kann dadurch vermindert werden, daß man ganze Systeme aufnimmt und ihre Ökonomie darstellt (z. B. *Creed, Haymes*). Es ist wahrscheinlich, daß die meisten Wiederholungen, die in einem langen Epos nur zwei oder dreimal vorkommen, Produkte des Zusammenwirkens von einer begrenzten Anzahl metrisch-syntaktischer Modelle und einem ebenfalls begrenzten Wortschatz darstellen. Nur Wiederholungen, die vielfach in einem Werk vorkommen, sind dann mit hoher Wahrscheinlichkeit als feste Prägungen der mündlichen Dichtersprache anzusehen. Die Untersuchung der tiefergehenden (d. h. der grammatischen und syntaktischen) Strukturen einer mündlichen Epensprache bietet die einzige Möglichkeit, die Forschung von dem Punkt weg zu bewegen, der mit einer einfachen Zählung wiederholter Wortgruppen erreicht wird.

Literatur:

Frederic G. Cassidy: How Free was the Anglo-Saxon Scop? In: Magoun, S. 75–85.

Robert P. Creed: The andswarode-System in Old English Poetry. In: Speculum 32, 1957, S. 523–28.

Donald K. Fry: Old English Formulas and Systems. In: ES 48, 1967, S. 193–204.

Godfrey L. Gattiker: The Syntactic Basis of the Poetic Formula in Beowulf. Wisconsin Diss., 1962.

Edward R. Haymes: Mündliches Epos in mittelhochdeutscher Zeit, [2]1975.

Francis P. Magoun: The Oral Formulaic Character of Anglo-Saxon Narrative Poetry. In: Speculum 28, 1953, S. 446–67.

William W. Minton: The Fallacy of the Structural Formula. In: TAPA 96, 1965, S. 241–53.

Wayne A. O'Neil: Oral-Formulaic Structure in Old English Elegiac Poetry. Wisconsin Diss., 1960.

Joseph A. Russo: The Structural Formula in Homeric Verse. In: TAPA 94, 1963, S. 235–47.

Alois Schmaus: Formel und metrisch-syntaktisches Modell. In: Die Welt der Slaven 5, 1960, S. 395–408.

Die Formel als Indiz der Mündlichkeit

Die heftigsten Kontroversen in der Forschung wurden um den Wert der Parry-Lord Thesen als Prüfstein für die mündliche Komposition eines nur schriftlich überlieferten Textes ausgetragen. Es ist zwar wiederholt davor gewarnt worden, »den empirisch bewiesenen Satz ›mündliche Dichtung ist formulaisch‹ umzukehren in ›formulaische Dichtung ist mündlich‹« (*Bäuml-Ward*, S. 363), aber die meisten Forscher (einschließlich der beiden Verfasser der zitierten Warnung, vgl. Bäuml-Ward, S. 372) gehen von *Magouns* Grundsatz aus: »Oral poetry, it may be safely said, is composed entirely of formulas, large and small, while lettered poetry is never formulaic«. (S. 447) Beide Aussagen dieser Behauptung sind falsch. Es ist bisher keinem Forscher gelungen, die restlose Formelhaftigkeit eines mündlichen Textes zu beweisen. Bei der 30 Halbverse umfassenden Textprobe aus einem Lied des albanisch-serbischen Sängers Salih Ugljanin fand *Lord* nur für 19 der Halbverse Wiederholungen innerhalb des zwölftausendzeiligen Korpus (Se. S. 78 ff.). Seit *Parry* sind Formeluntersuchungen literarischer Dichtung allerdings selten. *Beatie* bringt kleine Stichproben aus einigen literarischen Werken und *Haymes* hat die Verse in Gottfrieds »Tristan«, die das Wort »sprach« enthalten, nach wörtlichen Wiederholungen untersucht (wobei er nur 5,3 % Wiederholungen fand, gegenüber 59 % bei der vergleichbaren Stichprobe aus dem »Nibelungenlied«). Vielleicht noch wichtiger sind Analysen serbokroatischer literarischer Dichtung, die unter dem unmittelbaren Einfluß der mündlichen Epik entstanden ist und mit ihr sowohl die metrische Form als auch Stoff und Motivik teilt. Hier müßt sich die höchstmögliche Wiederholungsdichte einer schriftlich entstandenen Dichtung feststellen lassen, um sie dann mit der Epik der Milman Parry Collection auf gleicher Basis vergleichen zu können. Leider sind solche Untersuchungen immer noch eine Seltenheit. Lord zitiert (»Homer as Oral Poet«, S. 22–23) die Seminararbeit eines seiner Schüler, der in einer Stichprobe aus einer schriftlichen Gedichtsammlung des Kroaten Andrija Kačić-Miošić aus dem 18. Jh. eine Wiederholungsdichte von 27 %

ermitteln konnte. In noch nicht veröffentlichten Studien fanden *Spraycar* und *Haymes* in weiteren schriftlichen Werken eine Wiederholungsdichte von fast 30 %. Es gibt also eine beträchtliche Wiederholungsdichte in dieser zweifellos literarischen Dichtung.

Lords eigene Schätzung der Grenze zwischen mündlicher und schriftlicher Dichtung liegt offensichtlich etwas zu niedrig: »So far, I believe, we can conclude that a pattern of 50 to 60 percent formula or formulaic, with 10 to perhaps 25 percent straight formula, indicates clearly literary or written composition. I am still convinced that it is possible to determine orality by quantitative formulaic analysis, by the study of formulaic density.« (»Homer as Oral Poet«, S. 24) Aus dieser Meinung des besten Kenners der noch lebendigen Tradition in Jugoslawien wird klar ersichtlich, daß eine weitere Untersuchung der Wiederholungsdichte sowohl bei mündlicher als auch bei schriftlich-literarischer Dichtung nötig ist. Erst wenn viele solche Untersuchungen an Dichtwerken, deren Herkunft einwandfrei bekannt ist, durchgeführt werden, kann man eine sichere Antwort auf die Frage erwarten, ob Wiederholungsdichte allein die mündliche Komposition eines Textes beweisen kann.

Da die Ermittlung der Wiederholungsdichte ein statistisches Verfahren ist, bei dem die Beweiskraft der Ergebnisse in direktem Verhältnis zur Größe der Textprobe steht, ist der Versuch, einzelne »mündliche Formeln« in einem alten Text ausfindig zu machen, von vornherein zum Scheitern verurteilt. Deshalb müssen uns die Versuche von *Campbell* und von *Bäuml-Ward,* mündliche und schriftliche Schichten innerhalb eines alten Textes durch Wiederholungsanalyse allein zu unterscheiden, bedenklich erscheinen. Neben den von *O'Neil* gebrachten Einwänden treten noch die zwei folgenden hinzu: Die oben ausgeführte Kritik der bisherigen Formeldefinition zeigt, daß man zu einer einigermaßen beweiskräftigen Statistik nur dann kommen kann, wenn man genügend Material in Betracht zieht, um die Schwächen des provisorischen Formelbegriffs aufzuwiegen. Im Einzelfall kann der heutige Forscher gar nicht beurteilen, ob eine Wendung zum altenglischen, bzw. mittelhochdeutschen Formelschatz gehört hat oder nicht. Zweitens muß bedacht werden, daß die Beweiskraft der Wiederholungsdichte einzig und allein davon abhängt, daß bei den empirischen Beobachtungen lebender mündlicher Epik wörtlich wiederholte Verse eben häufiger vorkommen als in schriftlicher Dichtung. Diese Erkenntnis bringt keine Aussage über den Formelstatus einer bestimmten wiederholten Wortgruppe mit sich.

Die Wiederholungsdichte der serbokroatischen mündlichen Epik liegt also etwas über 60 %, während die der literarischen Dichter, die mündlichen Stil nachgeahmt haben, um 30 % liegt. Die meisten mittelalterlichen Texte, die bisher analysiert wurden, weisen eine Dichte von 20–40 % auf. Lords Meinung, daß man zwischen mündlicher und schriftlicher Dichtung durch Formel- (d. h. Wiederholungs-)dichte allein unterscheiden könne, erhält durch diese Statistik nur eine unsicherr Bestätigung. Erst wenn viele Texte aus mehreren Traditionen auf ihre Wiederholungsdichte untersucht werden, wird man einen zuverlässigen Maßstab besitzen.

Eine Berücksichtigung weiterer mündlicher Traditionen wird den Einfluß des Reims und der Strophenform auf die Wiederholungsstatistik besser bestimmen lassen. Die serbokroatische Epik ist reimlos, während die meisten mittelalterlichen Texte entweder Stab- oder Endreim besitzen. *Curschmann* und *Hoffmann* sind der Meinung, daß der Reim die Zahl der »Formeln« erhöhen müßte, während die Altanglisten eher eine Verminderung der Wiederholungsdichte durch den Reim vermuten. Diese Meinung der Altanglisten läßt sich durch statistische Werte aus der Stabreimdichtung unterstützen, aber die Erfordernisse des Stabreims sind ganz andere als die des Endreims. Die Analyse einiger Formelsysteme aus der mhd. Endreimdichtung (*Haymes:* S. 65 ff. u. 131 ff.) zeigt, daß das Reimwort auswechselbarer Teil eines Systems bleibt, und daß das gleiche Reimwort in vielen verschiedenen Bindungen erscheinen kann. Ein »stereotypes« Reimwort (Hoffmann) dürfte also keinen entscheidenden Einfluß auf die Wiederholungsdichte ausüben. Es ist auch möglich, daß die Strophenform die Dichte der Wiederholungen erhöhen wird, aber die Daten zu dieser Frage sind noch viel zu spärlich, um mehr als Vermutungen anzustellen.

Die niedrigen Wiederholungswerte rein literarischer Dichtung (vgl. die Statistik bei *Parry,* MHV S. 279 ff., *Beatie,* S. 100, *Haymes,* S. 59 f.) unterstützt die Beweiskraft der Wiederholungsdichte für die Mündlichkeit. Diese ist aber bei manchen mündlichen Dichtungen mit 20–40 % Wiederholungen immer noch problematisch, da die Zahlen zwar weit höher liegen als die der vergleichbaren literarischen Epen, aber immer noch wesentlich niedriger als die der serbokroatischen mündlichen Epik. Bei der Interpretation solcher Werte bietet die statistische Aufschlüsselung des Epos von Kačić und Njegoš (siehe oben, S. 14 f.) eine mögliche Lösung. Diese Dichtung weist eine Wiederholungsdichte von etwa 30 % auf, ist jedoch der Feder eines literarischen Autors entsprungen. Der Grund für die hohe Zahl der Wiederholungen liegt in dem Bestreben, die mündliche Epik nachzuahmen. Beide Dichter versuchten, Form und Inhalt der ihnen wohlvertrauten Volksepik wiederzugeben, um durch diese Annahme des »nationalen Stils« den Geist ihres Volkes anzusprechen. *Njegoš* z. B. wollte durch seine Heldendichtung die unter sich zerstrittenen Sippen der montenegrinischen Krieger für einen vereinten Kampf gegen die mohammedanischen Slaven begeistern. Es lagen also gewichtige Gründe vor, die Art und den Stil der mündlichen Epik nachzuahmen. Das Vorkommen eines mündlichen Stils (bzw. eines ›halbmündlichen‹ Stils) in einem mutmaßlich literarischen Werk der Vergangenheit läßt sich am leichtesten als Nachahmung der zeitgenössischen mündlichen Epik verstehen.

Wie die Arbeit von *Schmaus* nahelegt, ist die Sprachformel vielleicht nur eine grobe Andeutung der versbildenden Technik des vorliterarischen Epikers. Versuche, metrisch-syntaktische Strukturen als Unterscheidungsmerkmal zwischen mündlich und schriftlich entstandener Dichtung einzuführen, gibt es nur in Ansätzen. Die bisherigen Arbeiten, die sich mit dieser Frage beschäftigt haben (Haymes, O'Neil, Gattiker, Cassidy), haben noch keine Untersuchungen der modernen vorliterarischen Dichtung gebracht, bei der die Herkunft einwandfrei bekannt ist. Unvorbelastete linguistische untersuchungen der sprachlichen Struktur in den mündlichen Texten der Parry Collection und in schriftlichen Texten in der gleichen Sprache und metrischen Form würden zeigen, ob es sich lohnt, Unterschiede zwischen mündlicher und schriftlicher Komposition außerhalb der reinen Sprachformel zu suchen.

Literatur:
Bruce A. Beatie: Oral-Formulaic Composition in the Spanish Romancero of the Sixteenth Century. In: JFI 1, 1965, S. 92–113.
Jackson J. Campbell: Oral Poetry in the Seafarer. In: Speculum 35, 1960, S. 87–96.
Michael Curschmann: Oral Poetry in Medieval English, French and German Literature: Some Notes on Recent Research. In: Speculum 42, 1967, S. 36–52.
Ders.: Spielmannsepik: Wege und Ergebnisse der Forschung von 1907–1965, 1968.
Werner Hoffmann: Mittelhochdeutsche Heldendichtung, 1974.
Wayne A. O'Neil: Another Look at Oral Poetry in the Seafarer. in: Speculum 35, 1960, S. 596–600.

Enjambement

Parry hat in einem 1929 erschienenen Aufsatz auf die Unterschiede in der Behandlung des Enjambements zwischen Homer und später Dichtern hingewiesen. Dabei hat er drei verschiedene Stufen der Zeilenbindung aufgestellt. Die erste Stufe findet man dort, wo sich Satzschluß und Zeilenschluß decken. Hier liegt an sich kein Enjambement vor. Die zweite Stufe (unperiodic enjambement) läßt den Satz zwar über das Ende der Zeile laufen, aber der Zeilenschluß deckt sich mit dem Ende einer syntaktischen Einheit und eine natürliche Pause fällt auf den Versschluß. Die dritte Stufe (necessary enjambement) zeigt eine Unterbrechung einer syntaktischen Einheit, wobei keine natürliche Pause mit dem Zeilenschluß zusammenfällt. Bei Homer fällt bei drei Viertel aller Zeilen der Zeilenschluß mit einer natürlichen syntaktischen Pause zusammen, d. h. diese Belege sind den ersten beiden Kategorien zuzuweisen. Andererseits findet man bei Vergil ungefähr die Hälfte aller Verse mit einem Enjambement der 3. Stufe (necessary enjambement). Der Zeilenstil bei Homer ist so ausgeprägt, daß fast die Hälfte aller Zeilen mit einem Satzende zusammenfallen (1. Stufe). Homers Stil ist also wesentlich zeilengebundener als Vergils. (MHV, S. 251–265)

Dieser Kontrast findet sich wieder bei der serbokroatischen Epik, wobei *Lord* folgende Werte bei einer Stichprobe von 2400 Zeilen fand: 44,5 % in der 1. Stufe, 40,6 % in der 2. und nur 14,9 % in der 3. Stufe. (Se, S. 89) *Bäuml-Ward* erwähnen Enjambement als Kriterium, bringen aber keine Zahlen aus dem »Nibelungenlied«.

Es ist einleuchtend, daß ein mündlicher Epiker, der mit versbildenden Formeln und syntaktischen Mustern arbeitet, auch am leichtesten Verse mit ganzen Sätzen oder mit ganzen syntaktischen Einheiten aufbaut. Die Ergebnisse der Zählungen von Parry und Lord erlauben daher einen Gebrauch der relativen Häufigkeit der drei Stufen des Enjambements als weiteres Indiz für mündliche Komposition.

Literatur:
Albert B. Lord: Homer and Huso III: Enjambement in Greek and Southslavic Heroic Song. In: TAPA 79, 1948, S. 113–24.

Traditionsgebundene Handlungselemente

Die Formel ermöglicht eine mühelose Komposition auf der Ebene der Versbildung, indem sie sprachliche Inhalte in metrisch geformter Gestalt bereitstellt. Der Sänger benötigt aber auch eine Hilfe für die Gestaltung der größeren Strukturen seiner Epik. Daher enthält die Tradition neben der metrisch geformten Formelsprache eine größere Menge inhaltlich geprägter Episoden. Diese reichen von einzelnen Motiven bis zu Gerüsten, die den Ablauf eines ganzen Liedes bestimmen können. Die häufigsten sind Einzelszenen wie z. B.: Ankunft oder Abreise, Bewaffnung eines Helden, Versammlung, Zweikampf usw. Solche traditionsgebundenen Handlungselemente ermöglichen eine großepisch breite Erzählweise. Die oral poetry Forschung macht gewöhnlich keine terminologische Unterscheidung zwischen den verschiedenen Strukturen. Diese undifferenzierte Vereinheitlichung aller Typen und Formen erzeugt eine gewisse Problematik der terminologischen Erfassung und Beschreibung.

Die Problematik beginnt schon mit der Terminologie *Parrys*. Die meisten Forscher übernehmen seinen nicht glücklich gewählten Terminus »theme«, um sämtliche traditionsgebundenen Elemente von der Sprachformel bis zum ganzen Liedgerüst zu bezeichnen. *Fry* versuchte eine Unterscheidung zwischen den ersten beiden der unten beschriebenen Ebenen, behielt aber das Wort »theme« als Oberbegriff bei.

Forscher, die wenig oder keine Kenntnisse der Parry-Lord Arbeiten verraten, haben hier ein wesentlich differenziertes Bild gezeichnet. Genannt seien vor allem die Arbeiten von *Frings* und *Braun* (die auch die südslavische Epik einbeziehen) und von *Siefken*. Bei Frings und Braun findet man Termini, die den bisher gebrauchten geradezu widersprechen. Für sie ist das Thema »Ausgangspunkt einer Lieddichtung«, die »inhaltliche Grundidee des Liedes«, die aber »in unmittelbarer sprachlicher Gestaltung nur eine Sentenz, eine Behauptung, aber keine dichterische Erzählung ergeben« würde. (»Brautwerbung«, S. 4) Um das Thema zum dichterischen Ausdruck zu bringen, brauche der Sänger ein »Handlungsschema«: »Die nach dem einmal gewählten Handlungsschema geformten und geordneten inhaltlichen Bausteine bezeichnen wir als *Motive*.« (S. 5) Die Konkretisierung des Handlungsschemas im Lied geschieht durch ein Aneinanderreihen dieser Motive zu einer Motivkette. Siefken ist seinerseits bemüht, die typischen Reihenfolgen der Motive bei einigen häufigen Handlungsschemata (die nicht immer ein ganzes Lied ausmachen) darzustellen. Er weist auf die Traditionsgebundenheit dieser Motive und Schemata durch seinen Oberbegriff »überindividuelle Formen« hin. Sein Hauptgegenstand ist das mhd. Kudrun-Epos.

Auf die Gefahr hin, das Bild noch weiter zu verdunkeln, wird hier versucht, die Strukturebenen, die sich aus einem Vergleich der verschiedenen Arbeiten ergeben, zu charakterisieren. Man darf die folgenden Beschreibungen keinesfalls als feste Kategorien betrachten, sondern muß sie vielmehr als Anhaltspunkte in einer Größen- und Gestaltenhierarchie sehen, deren Positionen ohne bestimmbare Grenzen ineinanderfließen.

Man findet:

a) *Einzelmotive*, bzw. *Motivgruppen*, die in verschiedenen Zusammenhängen in verschiedenen Liedern einer Tradition vorkommen können. Das Einzelmotiv wird weder von der oral poetry Forschung noch von den genannten deutschen Forschern in Betracht gezogen. Man findet vor allem bei den Anglisten eine Beschäftigung mit schmückenden Motivgruppen, die an bestimmte typische Szenen der Tradition gebunden auftreten, wie z. B. das Erscheinen von Rabe, Adler und Wolf auf dem Schlachtfeld (*Magoun*, »Beasts of Battle«). Sobald sich aber solche Elemente zu einer szenengestaltenden Motivkette verdichten, hat man es bereits mit der nächsten Strukturebene zu tun.

b) *»typische Szenen« (Arend)*, bei denen der ganze Ablauf einer Szene durch die Tradition bestimmt wird. Es ist diese Ebene, die unter verschiedenen Termini die meiste Aufmerksamkeit der oral poetry Forschung auf sich gelenkt hat. *Lords* Paradebeispiel ist die Beratungsszene, die den Ausgangspunkt vieler südslavischen Lieder bildet. (Se, S. 1/7 ff.) Auch andere Szenen waren Gegenstände der Forschung: Schlacht *(Heinemann, Beye, Fenik, Ramsey)*, der Held am Ufer *(Crowne, Fry, Renoir)*, Exil *(Greenfield)*, und verschiedene weitere *(Coote, Fry, Lord, Nichols, Bynum, Thornton)*.

c) *Gerüste, die mehrere Szenen ordnen*. Es wäre vielleicht nützlich, zwischen solchen Gerüsten, die ein ganzes Lied gestalten können, und solchen, die nur eine Teilfabel ergeben, zu unterscheiden. Andererseits ist eine solche Unterscheidung oft unmöglich, da manche Gerüste je nach Bedarf eine ganze Fabel oder nur Teile einer Fabel gestalten können. Eine Brautwerbung kann z. B. nur (wie beim »Nibelungenlied«) eine Teilhandlung bilden, sie kann aber auch (wie im Falle vieler südslavischer Lieder) den ganzen Ablauf der Fabel bestimmen. Bis auf einige Andeutungen zu Liedtypen (Se, S. 178) bei *Lord* bleibt diese Ebene der traditionellen Handlungsgestaltung von der oral poetry Forschung vernachlässigt. Die Arbeiten von *Frings* und *Braun* und von *Siefken* bieten die wichtigsten Beiträge zur Darstellung dieser äußerst interessanten Strukturen.

Zur Terminologie läßt sich folgendes sagen: Die Forschung der Parry-Lord-Schule meint gewöhnlich nur die ersten beiden Kategorien, wenn sie von »theme« spricht. *Fry* gebraucht den Terminus »theme« als Oberbegriff und beschreibt als Sondertyp darunter die »type scene« (von *Arends* »typische Szene« abgeleitet). In der deutschen Forschung findet man vorwiegend »Erzählschablone«

(Bäuml-Ward, Haymes) als Ersatz für »theme«. Weder »theme« noch »Erzählschablone« wird allgemein für Einzelmotive sondern nur für Motivketten bzw. -verdichtungen und für typische Szenen gebraucht. Der von *Siefken* geprägte Ausdruck »überindividuelle Form« könnte auch als Oberbegriff fungieren, wenn die oral poetry Forschung sich entschließen würde, ihn zu übernehmen. Das terminologische Durcheinander ist mindestens z. T. das Resultat der Tatsache, daß die verschiedenen Strukturebenen nahtlos ineinander übergehen. Ein Versuch, präzisere Termini einzuführen, würde vielleicht zu einer Verschleierung dieser Sachlage führen und den Eindruck erwecken, es gäbe im Ganzen nur drei oder vier Arten der traditionellen Handlungsbindung überhaupt. Die Handlung im mündlichen Epos wird auf jeder Ebene von traditionellen Formen strukturiert, meistens von Formen, die nicht an eine bestimmte Fabel gebunden sind. Die Anerkennung der überindividuellen Natur dieser Formen ist nicht ausschließlich das Verdienst der oral poetry Forschung, aber die traditionelle Kompositionsweise erhält erst in der Schule von *Parry* und *Lord* eine breitangelegte Beschreibung und eine komparatistische Bestätigung.

Literatur:

Walter Arend: Die typischen Szenen bei Homer, 1933.

Charles Rowan Beye: Homeric Battle Narrative and Catalogues. In: HSCP 68, 1964, S. 345–73.

David E. Bynum: Themes of the Young Hero in Serbocroatian Oral Epic Tradition. In: PMLA 83, 1968, S. 1296–1303.

Mary P. Coote: The Singer's Themes in Serbo-Croatian Oral Epic Tradition, Harvard Diss., 1969.

David K. Crowne: The Hero on the Beach: An Example of Composition by Theme in Anglo-Saxon Poetry. In: NM 61, 1960, S. 362–72.

Bernhard Fenik: Typical Battle Scenes in the Iliad. In: Hermes 21, 1968.

Donald K. Fry: The Hero on the Beach in Finnsburh. In: NM 67, 1966, S. 27–31.

Ders., The Heroine on the Beach in Judith. In: NM 68, 1967, S. 168–84.

Ders.: Old English Formulaic Themes and Type-Scenes. In: Neophilologus 52, 1968, S. 48–53.

Stanley B. Greenfield: The Formulaic Expression of the Theme of Exile in Anglo-Saxon Poetry. In: Speculum 30, 1955, S. 200–206.

Fred J. Heinemann: Judith 236–291a: A Mock-Heroic Approach to Battle Type Scene. In: NM 71, 1970, S. 83–96.

Albert B. Lord: Beowulf and Odysseus. In: Magoun, S. 86–91.

Ders.: Composition by Theme in Homer and Southslavic Epos. In: TAPA 82, 1951, S. 71–80.

Ders: Some Common Themes in Balkan Slavic Epis. In: Actes, S. 653–62.

Ders.: The Theme of the Withdrawn Hero in Serbo-Croatian Oral Epic. In:

Prilozi za Književnost, Jezik, Istorija i Folklor 35, 1969, S. 18–30.

Francis P. Magoun: The Theme of the Beasts of Battle in Anglo-Saxon Poetry. In: NM 56, 1955, S. 81–90.

Michael N. Nagler: Spontaneity and Tradition, Berkeley, Calif., 1974.

Stephen G. Nichols: Formulaic Diction and Thematic Composition in the Chanson de Roland, Chapel Hill, North Carolina, 1961.

Lee Carter Ramsey: The Theme of Battle in Old English Poetry, Indiana Diss., 1965.

Alain Renoir: Oral Formulaic Theme Survival: A Possible Instance in the Nibelungenlied. In: NM 65, 1964, S. 70–74.

Hinrich Siefken: Überindividuelle Formen und der Aufbau des Kudrunepos, 1967.

Agathe Thornton: People and Themes in Homer's Odyssey, London, 1970.

II. DAS LIED IN DER MÜNDLICHEN UND SCHRIFTLICHEN ÜBERLIEFERUNG

Lied heißt im Folgenden eine als Einheit in mündlicher Tradition lebende Fabel. Der Ausdruck darf nicht im Sinne Heuslers (d. h. als Gegensatz zum Epos) verstanden werden. Die Mehrzahl dieser Beobachtungen gelten auch für eine als Prosa überlieferte Fabel, aber *Lied* ist der Ausdruck des mündlichen Sängers für sein Kunstwerk.

Das Lied in der mündlichen Tradition

Die Wechselwirkung zwischen dem einzelnen Sänger und der epischen Tradition ist eine der wichtigsten und für den Literaturhistoriker interessantesten Züge der mündlichen Dichtkunst. Auf der einen Seite ist der Sänger der Tradition verpflichtet, den Stoff richtig zu erzählen. Auf der anderen findet man bessere Sänger, die die Struktur, Motivierung und Charakterdarstellung der überlieferten Lieder vertiefen und verbessern. Die Tradition liefert die Handlungen, Figuren, Einzelheiten und eine allgemeine Epensprache. Der einzelne kann diese Stoffe unkritisch und mechanisch aufnehmen und sie (meist mit eigenen Fehlern versehen) weitersingen, oder er kann, ohne die Überlieferungstreue zu verletzen, Zersungenes berichtigen (oder neu gestalten), falsch Verstandenes erneuern und den Gestalten der Sage eine Lebendigkeit verleihen, die sie allzu leicht in der episch-distanzierten Darstellungsweise der Tradition einbüßen. Die Lieder werden aber nicht in einem Vakuum gesungen. Eine weitere Wechselwirkung besteht zwischen dem Sänger und seinem Publikum. Die Reaktion der Zuhörer kann auch berichtigend auf die Aufführung eines Liedes wirken. Lebhaftes Zuhören ist vielleicht das wichtigste konservierende Moment der Tradition. Die Zuhörer lassen keine zu gewagte Neuerungen bekannter Fabeln zu. Der auf Originalität versessene Kritiker aus einer Schriftkultur wird seine Wertungskriterien gründlich umstellen müssen, wenn er der vorliterarischen Dichtkunst gerecht werden will.

Sobald eine Fabel in die Tradition aufgenommen wird, fängt sie an, eine Reihe von geeigneten typischen Elementen, Motiven, Szenen und größeren Strukturen an sich zu ziehen. *Notopoulos* bietet eine sehr interessante Darstellung dieses Prozesses aus seinem Material von der Insel Kreta. *Lord* lehnt entschieden die Vorstellung eines Originals (im literarischen Sinne) für die mündliche Dichtung ab. Das erste Singen eines Liedes bietet kein Original, wovon alle späteren Fassungen Varianten sind; es ist vielmehr eine Art Skizze, worauf spätere, womöglich bessere Sänger werden bauen können. Jede Aufführung eines Liedes stellt einen einmaligen Text dar, da die Länge und Kompositionstechnik der epischen Liedkunst eine wortgetreue Wiederholung eines ganzen Textes praktisch verbietet. Bei dem Lernen eines neuen Liedes verwendet der Sänger seine eigene Formelsprache und Handlungselemente (»themes«), um die von den anderen Sängern vorgegebene Fabel wiederzugeben. Ist das Lied schon länger in der Tradition, wird sie ohnehin aus traditionellen Erzählelementen bestehen. Dies erleichtert die Aufnahme durch den neuen Sänger, da er schon an die Erzählelemente der Tradition gewöhnt ist.

Lord zeigt am Beispiel eines montenegrinischen Guslars, wie die Qualität (und auch die Quantität) eines Liedes von der Kunst des Sängers abhängt. *Avdo Međedović* baute jede Vorlage zu großepischem Ausmaß auf. Seine vielzitierte Leistung gipfelte in der Anschwellung eines 2000zeiligen Liedes, das ihm aus einer gedruckten Liedersammlung vorgelesen wurde, zu einem Epos von 13 000 Versen. Obwohl diese Leistung innerhalb der Südslavischen Tradition außergewöhnlich, wenn nicht einmalig ist (vgl. *Schmaus*), zeigt sie die Freiheit, die ein guter Sänger innerhalb der Tradition genießt.

Lord hat in einem neueren Aufsatz betont, daß man bei der relativen Freiheit des epischen Sängers gar nicht an eine »freie Improvisation« denken dürfe. Sowohl von der eigenen Sängertechnik als auch von der traditionellen Handlungsbindung her wird der Sänger in seiner Freiheit (in unserem Sinne) begrenzt. Der Sänger nimmt sich gar nicht vor, ein neues Lied zu singen, sondern er bemüht sich mit allen verfügbaren Mitteln, das schon in der Tradition bekannte Lied so gut wie möglich wiederzugeben. Die Leistungen von Avdo Međedović sind nur in diesem Licht richtig zu verstehen. Seine Kunst erlaubte ihm, die schon in der Tradition vorhandenen Möglichkeiten in höchstem Grade auszunützen. Er hätte aber gar nicht anfangen können, die von der Tradition vorgegebenen Wege zu verlassen und eine neue Art Lied zu singen.

Die meisten Studien über die Stellung eines Liedes innerhalb der Tradition sind synchron angelegt, da sie notgedrungen nur eine kurze Zeitspanne in der jahrhundertealten Geschichte einer Tradition darstellen können. Es bleiben noch viele Fragen offen, die vor allem die Stabilität einer Liedfabel betreffen. Ihre Beantwortung wäre für den Komparatisten von brennendem Interesse, aber man kann nur zögernde Vermutungen über die längere Entwicklung einer von der Schrift unberührten Tradition anstellen. Die relative Stabilität eines Liedes bei einem Sänger über einen Zeitraum von siebzehn Jahren (Se, S. 171 f.) sagt noch nicht viel über die Stabilität eines Liedes über Generationen hinweg aus. Es gibt zwar Sammlungen von Liedern in Jugoslawien seit dem 18. Jh., aber diese Sammlungen sind inzwischen so weit verbreitet, daß sie die mündliche Tradition selbst wieder beeinflußt haben. Die rege Sammlertätigkeit des späten 19. und frühen 20. Jhs. hat ebenfalls auf die mündlichen Dichter zurückgewirkt. Wenn ein Sänger ein Lied aus einem Buch hört oder es selbst lesen kann, dann kann diese Version auf seine eigenen Aufführungen wirken. Wenn er diese Version als *die* richtige anerkennt, dann fängt er an, sie auswendig zu lernen und seine eigenen Kompositionsmitel zu vernachlässigen. Dies ist oft genug geschehen, so daß die älteren Zeugnisse der serbokroatischen Tradition von nur begrenztem Wert für die Rekonstruktion der Liedgeschichte sind. Es ist eine Ironie des Schicksals, daß der Forscher und Sammler gerade durch seine Bemühungen, die Tradition für spätere Generationen zu retten, zum Verfall eben dieser festgefügten Tradition beiträgt.

Literatur:
Andreas Heusler: Lied und Epos in germanischer Sagendichtung, 1905.
Albert B. Lord: Avdo Međedović, Guslar. In: JAF 69, 1956, S. 318–20.
Ders.: Perspectives on Recent Work in Oral Literature. In: FMLS 10, 1974, S. 187–210.
James A. Notopoulos: The Genesis of an Oral Heroic Poem. In: Greek, Roman and Byzantine Studies 3, 1960, S. 135–44.
Alois Schmaus: Ein epenkundliches Experiment. In: Die Welt der Slaven 1, 1956, S. 322–33.

Die homerischen Epen, das altenglische Beowulf-Epos und das Nibelungenlied sind uns nur bekannt, weil sie ihre mündliche Existenz verlassen haben und eine schriftliche Form angenommen haben. Diese Tatsache wirft die sehr problematische Frage nach dem Verhältnis zwischen Schriftlichkeit und vorliterarischer Dichtkunst auf. Die überlieferten Zeugnisse sind schriftlich, aber ihre Form verrät die Spuren der mündlichen Kompositionsweise.

Eine vorliterarische Kultur erfährt nur allmählich einen Übergang zur neuen schriftlichen Kulturbasis. Alte mündliche Formen existieren neben neuen von der Schrift bedingten Formen der Wortkunst weiter. Diese Berührung geschieht meistens in der Form, daß die Schriftkundigen einer höheren sozialen Schicht angehören als die Analphabeten. Hierbei wird die mündliche Dichtung immer stärker mit den unteren Schichten identifiziert. In dem Augenblick, in dem auch die untersten Schichten die Schrift erlernen, wird die schriftlose Dichtung überflüssig, wenn sie nicht gerade von höherstehenden gefördert wird. Diese Förderung hat in Jugoslawien zur Herausgabe von gedruckten Sammlungen mündlicher Epik geführt, die dann von Sängern, die die alte improvisatorische Kunst nicht mehr beherrschten, auswendig gelernt wurden. *Lord* sieht in dieser Tatsache den Tod der Tradition, da sie nicht mehr produktiv werden kann. (Se., S. 203 f.)

Die Frage wird immer wieder gestellt, ob die Schrift nicht eine befreiende Wirkung auf den mündlichen Sänger haben könnte. Lords Antwort auf diese Frage verdient es, hier zitiert zu werden: »Besonders wichtig ist für uns, nicht gedankenlos in die Annahmen zu verfallen, daß der Vorgang des Diktierens dem Sänger die Freiheit gäbe, sein Wortmaterial nach einem ganz neuen poetischen System zu handhaben. Freilich hat er auf einmal Zeit genug, seine Verse vorauszuplanen, doch das bedeutet für einen Sänger, der gewohnt ist, seinen Assoziationen mit atemberaubender Schnelligkeit zu folgen und sein Lied voranzutreiben, eher ein Hindernis als eine Hilfe. Diese Möglichkeiten machen aus dem Sänger noch lange keinen e.e.cummings, selbst dann nicht wenn er homerische Fähigkeiten besäße. Homer hätte das wahrscheinlich nicht einmal als Kompliment aufgefaßt.« (Se, S. 189) Lord räumt ein, daß es Sänger gibt, die ihre eigenen Lieder aufschreiben – gewissermaßen sich selbst diktieren –, aber sie schreiben selten wirklich gute Lieder (dies ist Lords Verallgemeinerung) und benützen immer noch unverändert die Technik der mündlichen Komposition. Wenn sie wirklich anfangen, schriftlich und literarisch zu denken, entfernen sie sich ziemlich deutlich von der Tradition und werden dadurch eindeutig literarische Verseschreiber. Lord behauptet, die beiden Kompositionsarten, mündlich und schriftlich, würden sich gegenseitig ausschließen. Seiner Meinung nach kann kein Sänger gleichzeitig die volle mündliche Technik und die literarische Freiheit genießen.

Aus der Übergangssituation zwischen einer rein vorliterarischen und einer wirklich schriftlichen Kultur haben manche, vor allem für das europäische Mittelalter, auch einen allmählichen Übergang der Kompositionstechniken postuliert. Aus seiner oben erwähnten Haltung heraus mußte Lord die Möglichkeit eines Übergangstextes (transitional text) ablehnen. Seiner Ansicht nach mußte der Sänger entweder das niederschreiben, was er normalerweise gesungen hätte, oder einen völlig anderen, schriftlich-literarischen Text. Er räumt ein, daß diese Entwicklung mit einem allmählichen Schwinden der mündlichen Kompositionsmerkmale verbunden gewesen sei (Se, S. 192). Er will aber den Bruch von mündlicher zu schriftlicher Komposition in dem Augenblick sehen, wo der Sänger bewußt die Formelsprache verlassen habe. Hier argumentiert er wieder mit jenen psychologischen Erklärungen, die die Hauptschwäche der Formeldefinition Parrys darstellt. Niemand, auch Lord nicht, kann genau feststellen, wann diese Grenze überschritten wird, besonders wenn man es mit einem alten Text aus einer untergegangenen mündlichen Tradition zu tun hat. Die mittleren Wiederholungswerte der meisten mittelalterlichen Epen (höher als die der eindeutig schriftlichen Dichtung und niedriger als die der serbokroatischen Guslarenlieder) machen irgendeine Form von Übergangstext wahrscheinlich. Ob man es freilich mit Redaktionen von Texten, die aus mündlichem Diktat stammen, oder mit Nachahmungen mündlicher Texte zu tun hat, bleibt vorläufig ungewiß. Auf jeden Fall scheint es, daß die meisten mittelalterlichen Epen eine Mischung mehrerer Kompositionsarten darstellen.

Lord versteht die homerischen Epen als wörtliches Diktat eines mündlichen Sängers. Dies stimmt auch mit der hohen Formeldichte überein. Die Texte aus dem Mittelalter dagegen implizieren eher ein mittelbares Verhältnis zur mündlichen Tradition, wie oben (S. 16) angedeutet wurde.

Als Ergänzung zur reinen oral-poetry-Betrachtung altertümlicher Literaturformen kann die Forschung eine immer reger werdende Beschäftigung mit den historischen Verhältnissen, die durch die Einführung der Schrift zustande gekommen sind, erwarten. *Havelock* hat bereits eine höchst interessante Darstellung der noch auf mündlicher Basis beruhenden Kultur der Griechen zur Zeit Platons entworfen. Die anders geartete Problematik des Mittelalters wartet immer noch auf eine umfassende Darstellung. Die Ansätze bei *Bäuml* und *Bäuml-Spielmann* zeigen zumindest die Richtung an, die die mediävistischen Forschungen einschlagen könnten. Die vielleicht wichtigste Sammlung von Arbeiten zum Thema der Schriftlichkeit stellt vorerst der von *Goody* herausgegebene Band dar. Es ist zu hoffen, daß diese Ansätze nicht ohne Folgen bleiben, da eine gründliche Auseinandersetzung mit der historischen wie literaturhistorischen Problematik des Anfangs der Schriftkultur die wichtige Voraussetzung für ein Verständnis der sozialen Bedingungen der Entstehung der mittelalterlichen Epik bildet.

Literatur:

Franz H. Bäuml: Transformations of the Heroine: From Epic Heard to Epic Read. In: The Role of Woman in the Middle Ages (ed. Rosemarie Thee Morewedge), Albany, N. Y., 1975, S. 23–40.

Ders. und *Edda Spielmann:* From Illiteracy to Literacy: Prolegomena to a Study of the Nibelungenlied. In: FMLS 10, 1974, S. 248–59.

Larry D. Benson: The Literary Character of Anglo-Saxon Formulaic Poetry. In: PMLA 81, 1966, S. 334–41.

Jack Goody (ed.): Literacy in Traditional Societies, Cambridge, 1968.

Eric A. Havelock: Preface to Plato, Cambridge, Mass., 1963.

Albert B. Lord: Homer's Originality: Oral Dictated Texts. In: TAPA 84, 1953, S. 124–34.

III. DIE ANWENDUNG DER PARRY-LORD THEORIE
AUF EINZELTRADITIONEN

Zur vergleichenden Anwendung der Theorie läßt sich allgemein sagen, daß die theoretischen Feststellungen *Parrys* und *Lords* viel zu oft zu einer Art von Prokrustesbett für spätere Arbeiten geworden sind. Ein Beispiel dafür ist das Balladenbuch *Buchans*. Hier wird die Ballade – eine selbständige mündliche Form – in das vorgegebene Schema der Parry-Lord-Theorie gepreßt ohne Rücksicht auf ihre eigenen Form-, Kompositions- und Überlieferungsbedingungen. Es muß sogar zugegeben werden, daß Parry selbst hauptsächlich die schon von seiner Homer-Theorie postulierten Eigenschaften in seinen Studien der südslavischen Epik hervorgehoben hat. Er suchte nämlich Formeln, »themes« und eine traditionelle Epensprache und fand sie dort. Die meisten seit Parry durchgeführten Studien zeigen eine ähnliche Arbeitsweise, bei der die Parrysche Homer-Theorie als fast axiomatische Voraussetzung gebraucht wird. Dies vermindert den Wert mancher Arbeiten, da die Möglichkeit ganz anderer Formen der mündlichen Epenkomposition und -überlieferung von vornherein ausgeschlossen bleibt. Dies ist besonders zu bedauern bei den wenigen Studien von lebendigen Traditionen, da diese die beste Aussicht hätten, wirklich Neues in die Theorie hereinzubringen. Solche Studien sind spärlich genug, vermutlich weil es für den Forscher viel leichter ist, die von Parry und Lord fertig gelieferte Theorie auf das eigene Forschungsgebiet anzuwenden, als sich in neue Sprachen und Gebiete zu vertiefen, um die mündliche Epik in ihrer Wirklichkeit und Wirksamkeit kennenzulernen. Es ist wahrscheinlich auf die dogmatische Anwendung der Parry-Theorie zurückzuführen, daß der Gräzist *Notopoulos,* der eine beträchtliche Sammlung von Heldenliedern auf Kreta zusammengetragen hat, keine bahnbrechenden Erkenntnisse zur Diskussion beitragen konnte. Vielleicht ist das wichtigste Ergebnis seiner Bemühungen die äußerst brauchbare und interessante Beschreibung der Entstehung eines mündlichen Heldenlieds in seinem Aufsatz »The Genesis of an Oral Heroic Poem«.

Volkskundeforscher haben sich in der Regel viel stärker mit den Stoffen und Funktionen mündlicher Dichtung als mit deren Kompositionstechnik und Überlieferungsbedingungen beschäftigt. Die großen Übersichtswerke wie »The Growth of Literature« von *H. M.* und *N. K. Chadwick* und »Heldendichtung« von C. M. Bowra bieten eine Fülle von Material zu allen Problemkomplexen der vergleichenden Epenforschung. Besonders interessant für unsere Fragestellung sind die zusätzlichen Kapitel, die *Schirmunski* den Studien (aus »The Growth of Literatur«) von N. K. Chadwick hinzugefügt hat. Seiner Meinung nach bieten die dort behandelten Epen der türkischen Völker Zentralasiens dem heutigen Forscher den reichsten Schatz mündlicher Epik für vergleichende Studien. Seiner Beschreibung nach deckt sich die Kompositionstechnik dieser Epik mit der der südslavischen Guslarenlieder in allen wesentlichen Punkten. Sein Forschungsreferat ist auch sehr nützlich als Einführung in die russische Schule der volkskundlichen Epenforschung.

Selbstverständlich ist das Thema der südslavischen Epik keineswegs durch die Studien Parrys und Lords erschöpft. Die Studien *Murkos,* der eine Beschäftigung mit dieser Tradition dem jungen Pariser Doktoranden Milman Parry schon im Jahre 1928 empfohlen hat, bringen viele wertvolle Beobachtungen aus seinen Forschungsreisen in Bosnien. *Brauns* umfassende Studie ist ebenfalls sehr nützlich, vor allem für seine Übersetzungen einiger kurzer Lieder. Einen brauchbaren Überblick über die russischen Bylinen gibt *Trautmann,* aber keine Beschreibung der Kompositionstechnik.

Eine weitere Untersuchung verdient es, abschließend hier erwähnt zu werden, obwohl ihr Gegenstand kaum als übliches Objekt der Literaturwissenschaft gelten kann. Dies ist die Darstellung der Kunst der amerikanischen Volksprediger von *Rosenberg*. Neben einer ausgezeichneten Darstellung der Vortrags- und Kompositionsbedingungen dieser mündlichen Redekunst bringt er einen weiteren Beleg für die Allgemeingültigkeit der von Parry und Lord aufgestellten Merkmale der mündlichen Komposition.

Literatur:
Patricia Arant: Concurrence of Patterns in the Russian Bylina. In: JFI 7, 1970, S. 80–88.
Dies.: Compositional Techniques of the Russian Oral Epic, the Bylina, Harvard Diss., 1963.
Dies.: Formulaic Style and the Russian Bylina. In: Indiana Slavic Studies 4, 1967, 7–51.
Cecil Maurice Bowra: Heroic Poetry, London, 1952. (dt. übers.: Heldendichtung, 1964.)
Maximilian Braun: Das serbokroatische Heldenlied, 1961.
David Buchan: The Ballad and the Folk, 1972.
David E. Bynum: The Cult of Paired Heroes in the Cultural History of the Balkans. In: Anali Filološkog Fakulteta 4, 1964, S. 65–73.
Ders.: The Generic Nature of Oral Epic Poetry. In: Genre 2, 1969, S. 236–58.
Ders.: A Taxonomy of Oral Narrative Song: The Isolation and Description of Invariables in Serbocroatian Tradition, Harvard Diss., 1964.
Ders.: Thematic Sequences and Transformations of Character in Oral Narrative Tradition. In: Filološki Pregled (Belgrad) 8, 1970, S. I–II und 1–21.
Ders.: Themes of the Young Hero in Serbocroatian Oral Epic. In: PMLA 83, 1968, S. 1296–1303.
H. M. Chadwick: The Heroic Age. Cambridge, 1912.
H. M. und *N. K. Chadwick:* The Growth of Literature. 3 Bde., Cambridge, 1932–40.
N. K. Chadwick und *Victor Zhirmunsky:* Oral Epic of Central Asia. Cambridge, 1969.
Murray B. Emeneau: Oral Poets of South India. In: JAF 71, 1958, S. 312–24.
Ruth Finnegan: Oral Literature in Africa, Oxford, 1970.
Gerhard Gesemann: Studien zur südslavischen Volksepik, Reichenberg, 1926.
William Harkins: O metritscheskoj roli slowesnych formul v serbochorvatskom i russkom narodnom epose.« In: American Contributions to the Fifth International Congress of Slavists, Sofia, 1963, S. 147–65.
John Sotter Kolsti: Albanian Oral Epic Poetry. In: Studies Presented to Professor Roman Jakobson by his Students, 1968, S. 165–67.
Ders.: The Bilingual Singer: A Study in Albanian and Serbocroatian Oral Epic Traditions, Harvard Diss., 1967.
Daniel P. Kunene: Heroic poetry of the Basotho, Oxford, 1971.
Matija Murko: Bericht über eine Bereisung von Nordwestbosnien und der angrenzenden Gebiete von Kroatien und Dalmatien behufs Erforschung

der Volksepik der bosnischen Mohammedaner. In: Sitzungsber. der kais. Akad. der Wiss. in Wien Phil-hist. Kl. 173, 1913, 3. Abhandlung.

Ders.: La Poésie Populaire épique en Yougoslavie au Debut du XXe Siécle, Paris, 1929.

James A. Notopoulos: The Genesis of an Oral Heroic Poem. In: Greek, Roman and Byzantine Studies 3, 1960, S. 135–44.

Ders.: Homer as an Oral Poet in the Light of Modern Greek Oral Poetry. In: Yearbook of the American Philosophical Society for 1953, S. 249–53.

Ders.: Improvisation of Oral Poetry in Ancient and Modern Greece. In: 49th Annual Bulletin of the Classical Association of New England, report no. 3.

Ders.: Parataxis in Homer. In: TAPA 80, 1949, 1–23.

Ders.: The Warrior as an Oral Poet: A Case History. In: Classical Weekly 46, 1952, S. 17–19.

Eugene E. Pantzer: Yugoslav Epic Preambles. In: Slavic and East European Journal 17, 1959, S. 372–81.

Ders.: Serbo-Croatian and Russian Epic Preambles, Harvard Diss., 1953.

Bruce A. Rosenberg: The Art of the American Folk Preacher, New York, 1970.

Ders.: The Formulaic Quality of Spontaneous Sermons. In: JAF 83, 1970, S. 3–20.

Alois Schmaus: Ein epenkundliches Experiment. In: Die Welt der Slaven 1, 1956, S. 322–33.

Ders.: Studije o krajinskoj epici, Zagreb, 1953.

Stavro Skendi: Albanian and South Slavic Oral Epic Poetry, Columbia Diss., 1951.

Benjamin A. Stolz: Historicity in the Serbo-Croatian Heroic Epic: Salih Ugljanin's Grčki rat. In: Slavic and East European Journal 11, 1967, S. 423–32.

Ders.: Nikac and Hamza: Multiformity in the Serbo-Croatian Heroic Epic. In: JFI 7, 1970, S. 60–79.

Ders.: On Two Serbo-Croatian Epic Verses: the Bugarštica and the Deseterac. In: Poetic Theory: Poetic Practice (ed. Robert Scholes), Iowa City, Iowa, 1968, S. 153–64.

Reinhold Trautmann: Die Volksdichtung der Großrussen, 1925.

Die altgriechische Epik

Seit dem 18. Jh. gibt es in der Homer-Forschung eine Beschäftigung mit dem Ursprung der beiden Epen. Eine Gruppe dieser Forscher sieht in den überlieferten Texten eine Zusammenstellung ursprünglich mündlich tradierter Lieder, die von einem Sammler/Redakteur in die uns bekannte Form gebracht wurde. Diese »Analytiker« sehen es als Hauptaufgabe ihrer Arbeit, die Einzellieder aus dem Ganzen herauszuschälen. Eine zweite Gruppe, gewöhnlich

»Unitarier« genannt, hält jedes der beiden Epen als ein in sich geschlossenes Ganzes, von einem einzigen genialen Dichter geschaffen. Die Unitarier betonen die künstlerische Einheit und den formalen Aufbau des Ganzen. Parry ging vom Standpunkt der Unitarier aus, lieferte aber der Gegenpartei starke Argumente mit seiner Theorie. Eigentlich wollte er eine Synthese beider Richtungen durch seine Theorie herbeiführen, indem er einerseits eine direkte Übernahme aus mündlicher Tradition, d. h. eine rein mündliche Komposition der überlieferten Epen postulierte, andererseits aber die Komposition als Leistung eines einzigen großen, allerdings schriftlosen Dichters darstellte. Trotzdem spüren die meisten modernen Unitarier ein gewisses Unbehagen der Parryschen Theorie gegenüber. Einen Aspekt davon zeigt das folgende Zitat von *Wade-Gery:* »The most important assault made on Homer's creativeness in recent years is the work of Milman Parry, who may be called the Darwin of Homeric studies. As Darwin seemed to many to have removed the finger of God from the creation of the world and of man, so Milman Parry has seemed to some to have removed the creative poet from the *Iliad* and the *Odyssey*.« (S. 38–39) Das Unbehagen war bis vor kurzem besonders stark in Europa (vgl. die scharfen Bemerkungen bei Mette), aber schon 1954 begann *Lesky,* die Ergebnisse Parrys der deutschen Homer-Forschung zu vermitteln.

Die meisten bisher ausgesprochenen Einwände gegen die mündliche Theorie basieren auf der literarischen Qualität der Epen. Der Literaturkritiker hat große Schwierigkeiten, sich die Ilias und die Odysee als die Leistung eines Analphabeten vorzustellen. Man ließ die Hauptargumente einfach gegen die kulturell nicht vorstellbare Tatsache eines mündlichen Homers (siehe besonders *Young*).

In den letzten zwei Jahrzehnten jedoch hat die Rezeption der Theorie langsam an Boden gewonnen. Heute ist es so weit, daß kaum ein ernst zu nehmender Homer-Forscher die mündliche Form der homerischen Dichtersprache leugnet. Die Arbeiten einiger deutscher Forscher zeigen diese Entwicklung an (*Heitsch, Heubeck, Krischer, Patzer, Lesky*). Andere Forscher bestehen entweder auf einer rein mündlichen Komposition der Epen (*Lord, Nagler*) oder plädieren für verschiedene Formen der schriftlichen Überarbeitung bzw. Komposition (*Adam Parry, Wade-Gery, Kirk* u. v. a.). Darüber hinaus sind noch diejenigen Untersuchungen erwähnenswert, die sich intensiv mit der homerischen Formel beschäftigen (*Hainsworth, Hoekstra, Nagler*).

Die Anwendung der Parry-Lord Theorie hat auch eine Ausbreitung auf gewisse nicht- oder nur halbepische Werke der altgriechischen Dichtung erfahren. Dies ist vor allem in den Arbeiten von *No*-

topoulos geschehen. Ob man für die »homerischen« Hymnen oder für die didaktischen Werke Hesiods eine rein mündliche Entstehung im Sinne der Heldenepik ansetzen kann, muß noch von der Forschung entschieden werden. Die Gräzistik könnte vielleicht von den Erörterungen *Bensons* (siehe Literatur zur altenglischen Epik) profitieren, um zu einem literaturgeschichtlich vertretbaren Ergebnis zu kommen. Die bisher erschienene Forschung zu Hesiod verhält sich bedingt positiv zur Frage der Mündlichkeit.

Literatur zu Homer:

Samuel Eliot Bassett: The Poetry of Homer, Berkeley, Calif., 1938.

Charles Rowan Beye: Homeric Battle Narrative and Catalogues. In: HSCP 68, 1964, S. 345–73.

Ders.: The Iliad, the Odyssey and the Epic Tradition, Garden City, N. Y., 1966.

Cecil Maurice Bowra: The Comparative Study of Homer. In: American Journal of Archeology 54, 1950, S. 184–92.

Ders.: Homer, New York, 1972

Ders.: Homer and his Forerunners, Edinburgh, 1955.

A. Dihle: Homer-Probleme, 1970.

George E. Dimock, Jr.: From Homer to Novi Pazar and Back. In: Arion 2, No. 4, 1963, S. 40–57.

Mark W. Edwards: Homeric Speech Introductions. In: HSCP 74, 1970, S. 1–35.

Ders.: On Some ›Answering‹ Expressions in Homer. In: Classical Philology 64, 1969, S. 81–87.

Ders.: Some Features of Homeric Craftsmanship. In: TAPA 97, 1966, S. 115–79.

Ders.: Some Stylistic Notes on Iliad xviii. In: American Journal of Philology 89, 1968, S. 257–83.

G. P. Goold: Homer and the Alphabet. In: TAPA 91, 1960, S. 272–91.

John B. Hainsworth: The Criticism of an Oral Homer. In: Journal of Hellenic Studies 90, 1970, 90–98.

Ders.: The Flexibility of the Homeric Formula, Oxford, 1968.

Ders.: Homer, Oxford, 1969.

Ders.: The Homeric Formula and the Problem of its Transmission. In: Bulletin of the Institute for Classical Studies (London) 9, 1962, S. 57–68.

Ders.: Joining Battle in Homer. In: Greece and Rome 13, 1966, S. 158–66.

Ders.: Structure and Content in Epic Formulae: the Question of the Unique Expression. In: CQ 14, 1964, S. 155–64.

Ernst Heitsch: Aphroditenhymnos, Aeneas und Homer: sprachliche Untersuchungen zum Homerproblem, 1965.

Ders.: Eine junge epische Formel. In: Gymnasium 76, 1969, S. 34–42.

Ders.: Epische Kunstsprache und homerische Chronologie, 1968.

A. Heubeck: Die homerische Frage, 1974.

A. Hoekstra: Homeric Modifications of Formulaic Prototypes, Amsterdam, 1965.

W. Ingalls: Another Dimension of the Homeric Formula. In: Phoenix 26, 1972, S. 111–22.

Geoffrey Stephen Kirk: Formular Language and Oral Quality. In: YCS 20. 1966. S. 155–74.

Ders.: Homer and Modern Oral Poetry: Some Confusions. In: CQ 10, 1960, S. 271–81.

Ders.: Homer's Iliad or Ours. In: Proceedings of the Cambridge Philological Society 16, 1970, S. 48–59.

Ders.: The Songs of Homer, Cambridge, 1958.

Tilman Krischer: Formale Konventionen der homerischen Epik, 1971.

Albin Lesky: Geschichte der griechischen Literatur, 1963.

Ders.: Mündlichkeit und Schriftlichkeit im homerischen Epos. In: Festschrift für Dietrich Kralik, 1954, S. 1–9.

Albert B. Lord: Homer and Huso I: The Singer's Rests in Greek and Southslavic Heroic Song. In: TAPA 67, 1936, S. 106–113.

Ders.: Homer and Huso II: Narrative Inconsistencies in Homer and Oral Poetry. In: TAPA 69, 1938, S. 439–45.

Ders.: Homer and Huso III: Enjambement in Greek and Southslavic Heroic Song. In: TAPA 79, 1948, S. 113–124.

Ders.: Homer as Oral Poet. In: HSCP 72, 1967, S. 1–46.

Ders.: Homer, the Trojan War and History. In: JFI 8, 1971, S. 85–92.

Ders.: Homer's Originality: Oral Dictated Texts. In: TAPA 84, 1953, S. 124–34.

Hans Joachim Mette: Homer 1930–1956. In: Lustrum 1, 1956, S. 7–86.

William W. Minton: Homer's Invocation of the Muses: Traditional Patterns. In: TAPA 91, 1960, S. 292–309.

Ders.: Invocation and Catalogue in Hesiod and Homer. In: TAPA 93, 1962, S. 188–212.

Michael Nagler: Spontaneity and Tradition, Berkeley, Calif., 1974.

James A. Notopoulos: Continuity and Interconnexion in Homeric Oral Composition. In: TAPA 82, 1951, S. 81–101.

Ders. The Generic and Oral Composition in Homer. In: TAPA 81, 1950, S. 28–36.

Ders.: Homer and Cretan Heroic Poetry: A Study in Comparative Oral Poetry. In: AJP 73, 1952, S. 225–50.

Ders.: Homer and Geometric Art: A Comparative Study in the Formulaic Technique of Composition. In: Athena 6;, 1957, S. 65–93.

Ders.: Homeric Similes in the Light of Oral Poetry. In: Classical Journal 52, 1957, S. 323–28.

Ders.: Parataxis in Homer. In: TAPA 80, 1949, S. 1–23.

Ders.: Studies in Early Greek Oral Poetry. In: HSCP 68, 1964, S. 1–65.

Adam Parry: Have We Homer's Iliad? In: YCS 20, 1966, S. 177–216.

Ders.: Introduction. In: MHV, S. IX-LXII.

Ders.: The Language of Achilles. In: TAPA 87, 1956, S. 1–7.

Anne Amory Parry: Blameless Aegisthus, 1973.

Dies.: The Gates of Horn and Ivory. In: YCS 20, 1966, S. 1–57.

Dies.: Homer as Artist. In: CQ 65, 1971, S. 1–15.

Harald Patzer: Dichterische Kunst und poetisches Handwerk im homerischen Epos, 1972.

M. W. M. Pope: The Parry-Lord Theory of Homeric Composition. In: Acta Classica 6, 1964, S. 1–21.

Joseph A. Russo: A Closer Look at Homeric Formulas. In: TAPA 94, 1963, S. 235–47.

Ders.: Homer Against his Tradition. In: Arion 7, 1968, S. 275–95.

H. T. Wade-Gery: The Poet of the Iliad, Cambridge, 1952.

Ann Chalmers Watts: The Lyre and the Harp, New Haven, Conn., 1969.

William Whallon: Formula, Character and Context: Studies in Homeric, Old English and Old Testament Poetry, Cambridge, Mass., 1969.

Ders.: Formulas for Heroes in the Iliad and in Beowulf. In: MP 63, 1965, S. 95–104.

Ders.: The Homeric Epithets. In: YCS 17, 1961, S. 97–142.

Ders.: The Shield of Ajax. In: YCS 19, 1966, S. 5–36.

Ders.: Old Testament Poetry and Homeric Epic. In: CL 18, 1966, S. 113–31.

Cedric Whitman: Homer and the Heroic Tradition, Cambridge, Mass., 1958.

Douglas Young: Never Blotted a Line? Formula and Premeditation in Homer and Hesiod. In: Arion 6, 1967, S. 279–324.

Ders.: Was Homer an Illiterate Improvisor? Minnesota Review 5, 1965, S. 65–75.

Literatur zu Hesiod:

Cora Angier: Verbal Patterns in Hesiod's Theogony. In: HSCP 68, 1964, S. 329–44.

Eric A. Havelock: Thoughtful Hesiod. In: YCS 20, 1966, S. 59–72.

A. Hoekstra: Hésiode et la tradition orale. In: Mnemosyne 10, 1957, S. 193–225.

M. S. Jensen: Tradition and Individuality in Hesiod's Works and Days. In: Classica et Mediaevalia (Kopenhagen) 27, 1966, S. 1–27.

Patricia Paden Matsen: Hesiod's Works and Days and Homeric Oral Poetry. Bryn Mawr Diss., 1968.

William W. Minton: Invocation and Catalogue in Hesiod and Homer. In: TAPA 93, 1962, S. 188–212.

James A. Notopoulos: Homer, Hesiod and the Achaean Heritage of Oral Poetry. In: Hesperia 29, 1960, S. 177–97.

Harlan Berkley Peabody, Jr.: Hesiod's Works and Days: An Exemplar of the Ancient Greek Oral Style. Harvard Diss., 1961.

John E. Rexine: The Unity of Authorship in Hesiod's Theogony and Works and Days. Harvard Diss., 1964.

Frühe Epik in den germanischen Sprachen

Die Dichtungen in den germanischen Sprachen aus dem frühen Mittelalter zeigen durch Gemeinsamkeiten in Versform, Formelschatz (siehe *Kellogg*) und Inhalt, daß sie von einer gemeinsamen mündlichen Epentradition abstammen. Die Geschichtsquellen aus dieser Epoche überliefern auch mehrfache Zeugnisse einer aktiven mündlichen Heldenepik seit der Zeit des *Tacitus* (1. Jh.). Es kann keinen ernsthaften Zweifel geben, daß fast alle germanischen Stämme eine stabreimende Heldendichtung besessen haben. Die von der Forschung zu lösende Frage ist nur die nach der Gestalt dieser Dichtung und dem Verhältnis zu den überlieferten Denkmälern.

Die am reichsten fließende Quelle epischer Dichtung aus jener Frühzeit ist die altenglische, die neben dem Beowulf-Epos und einigen meist bruchstückhaften Heldenliedern auch mehrere Epen mit biblischem oder wenigstens christlichem Inhalt überliefert. Vor der Einführung der Parryschen Theorie durch *Magoun* (1953) arbeitete man gewöhnlich mit der aus der früheren Homer-Forschung gewonnenen Vorstellung von kurzen Liedern in der mündlichen Tradition, die dann von einem Kompilator bzw. Bearbeiter zum Epos erweitert wurden. Dieses Bild hatte der Forschung so lange als sicher gegolten, daß es vor Magoun kaum in Frage gestellt wurde. Man war (und ist) damit beschäftigt, das Beowulf-Epos und die anderen Werke der altenglischen Dichtung als poetische Kunstwerke zu würdigen. Deshalb war die erneute Beschäftigung mit Fragen der Entstehung in der Magoun-Schule etwas unzeitgemäß und manchen Forschern unwillkommen. Die Bibeldichtung wurde sowieso als schriftlich entstanden betrachtet, und man war stillschweigend zur Annahme einer rein schriftlichen Entstehung des Beowulf-Epos übergegangen, ohne die Frage an sich neu zu stellen. Die mündliche Theorie erschien vielen Forschern fast wie eine Zumutung, da sie eine erneute Beschäftigung mit Herkunftsfragen unumgänglich machte. Magoun und seine Schüler veröffentlichten eine ganze Reihe von Arbeiten, die fast alle untersuchten Werke als mündliche Dichtungen darstellten. *Bensons* 1966 erschienener Aufsatz ließ die Gegner der mündlichen Theorie aufatmen, da er die schriftliche Entstehung einiger durch ihren hohen Formelgehalt als mündliche Dichtung ›gebrandmarkten‹ epischen Gedichte nachweisen konnte. Nach den sehr umfangreichen Formeluntersuchungen der Magoun-Schule jedoch konnte niemand mehr die Existenz einer hochentwickelten mündlichen Epik in der altenglischen Epoche bestreiten. Die heutige Forschung erkennt die Dichtersprache als eine mündliche an, besteht aber auf der schriftlichen Entstehung fast aller überlieferten Gedichte. *Frys* Aufsatz über Caedmon spiegelt diese Forschungslage ziemlich getreu wieder. Heute ist der Altanglist in der Lage, mündliche Strukturen in der Dichtung zu identifizieren und ihre Funktion innerhalb der Dichtung im Lichte der mündlichen Theorie zu erklären.

Außerhalb der Altanglistik gibt es nur vereinzelte Untersuchungen, die sich mit der Dichtung unter unserem Aspekt befassen. Die althochdeutsche Dichtung hat noch keine Formelanalyse erfahren, aber einige stilistische Züge wurden in einem Aufsatz im Lichte der oral poetry Theorie untersucht (*Haymes:* Heldenlied). Die Behandlung der Aufbaustrukturen und zahlenkompositorischen Elemente des Heliand durch *Rathofer* scheinen eine genuin mündliche Komposition für die altsächsische Bibeldichtung unwahrscheinlich zu machen. Die von *Kellogg* und *Capek* gefundenen Elemente der mündlichen Dichtersprache zeigen jedoch, das wir vielleicht in dieser Dichtung gewissermaßen einen Abdruck der damals lebendigen mündlichen Heldendichtung besitzen.

Schon 1956 regte *Eis* eine Anwendung der Parry-Lord Theorie auf die mittelhochdeutsche Heldenepik an, aber sein Vorschlag blieb ohne Folgen. Unabhängig davon erschien 1960 die erste vorsichtige Anwendung auf einen mittelhochdeutschen Text (*Fromm:* Rother). Mitte der sechziger Jahre erschienen einige weitere Arbeiten, aber die erste größere Behandlung eines mhd. Heldenepos blieb dem 1967 erschienenen Aufsatz von *Bäuml-Ward* vorbehalten. Die Verfasser griffen dort das ohnehin baufällig gewordene Gebäude der Heuslerschen Vorstufentheorie zum Nibelungenlied an. Diese Arbeit sowie die späteren Arbeiten von *Bäuml* bauen auf der Vorstellung auf, daß das Nibelungenlied ein schriftliches Werk mit mündlicher Unterschicht darstellt. Formelreiche Strophen werden der mündlichen, formelarme der schriftlichen Schicht zugewiesen. Dieses Verfahren verlangt eine sichere Methodik, die Formeln von Nicht-Formeln unterscheiden läßt und gerade dies ist in Bäumls Arbeiten nicht gewährleistet. *Haymes* greift das Problem allgemeiner auf und begnügt sich mit einer Darstellung der formalen Elemente der Heldenepik, die auf eine mündliche Dichtersprache hinzuweisen scheinen. (Sowohl Bäuml als auch Haymes sehen eine lebendige Tradition strophischer Epik als Bedingung für die Entstehung der mhd. strophischen Heldenepik). *Fromm* kommt auf die Frage der mündlichen Entstehung des Nibelungenliedes in einem jüngeren Aufsatz unter verschiedenen Aspekten erneut zurück. Besonders aufschlußreich ist seine Darstellung einiger Konsequenzen für den Literaturkritiker, die aus der Erkenntnis hervorgehen, man habe es im mhd. Heldenepos mit Werken zu tun, die in enger Berührung mit, wenn nicht unmittelbar aus einer mündlichen Epentradition entstanden sind. Der Dichter des Nibelungenliedes sei z. B. von »eingeschränkter Autorität – wegen der symbiotischen Konkurrenz gleichzeitiger nibelungischer Mündlichkeit«. (S. 71)

Literatur zur altenglischen Epik:

Larry D. Benson: The Literary Character of Anglo-Saxon Formulaic Poetry. In: PMLA 81, 1966, S. 334–41.

Adrien Bonjour: Twelve Beowulf Papers, Neuchatel, 1962.

Arthur G. Brodeur: The Art of Beowulf, Berkeley, Calif., 1960.

Robert P. Creed: The andswarode-System in Old English Poetry. In: Speculum 32, 1957, S. 523–28.

Ders.: Beowulf 2231a: sinc-faet (sohte). In: Philological Quarterly 35, 1956, S. 206–8.

Ders.: The Making of an Anglo-Saxon Poem. In: ELH 26, 1959, S. 445–54.

Ders.: On the Possibility of Criticizing Old English Poetry. In: Texas Studies in Literature and Language 3, 1961, S. 97–106.

Ders.: The Singer looks at his Sources. In: CL 14, 1962, S. 44–52.

Ders.: Studies in the Technique of Composition of the Beowulf Poetry in Brit. Mus. Cotton Vittelius A. xv. Harvard Diss., 1955.

Ders.: ›... wel-hwelc gecwaeþ...‹ The Singer as Architect. In: Tennessee Studies in Literature 11, 1966, S. 131–43.

Robert E. Diamond: The Diction of the Anglo-Saxon Metrical Psalms, Den Haag, 1963.

Ders.: The Diction of the Signed Poems of Cynewulf. In: Philological Quarterly 38, 1959, S. 228–41.

Ders.: Theme as Ornament in Anglo-Saxon Poetry. In: PMLA 76, 1961, S. 461–68.

Donald K. Fry: Caedmon as a Formulaic Poet. In: FMLS 10, 1974, S. 227–47.

Ders.: Some Aesthetic Implications of a New Definition of the Formula. In: NM 69, 1968, S. 516–22.

Ders.: Themes and Type-Scenes in Elene 1–113. In: Speculum 44, 1969, S. 35–45.

Ders.: Type-Scene Composition in Judith. In: Annuale Mediaevale 12, 1972, S. 100–119.

Ders.: Variation and Economy in Beowulf. In: MP 65, 1968, S. 353–56.

Alan A. Jabbour: Memorial Transmission in Old English Poetry. In: Chaucer Review 3, 1969, S. 174–90.

Alison Jones: Daniel and Azarias as Evidence for the Oral-Formulaic Character of Old English Poetry. In: Medium Aevum 35, 1966, S. 95–102.

R. F. Lawrence: The Formulaic Theory and its Application to English Alliterative Poetry. In: Essays on Style and Language (ed. Roger Fowler), New York, 1966.

John Leyerle: Beowulf the Hero and the King. In: Medium Aevum 34, 1965, S. 89–102.

Francis P. Magoun: Bede's Story of Caedmon: The Case History of an Ango-Saxon Oral Singer. In: Speculum 30, 1955, S. 49–65.

Ders.: Beowulf A': A Folk Variant. In: Arv: Journal of Scandinavian Folklore 14, 1958, S. 95–101.

Ders.: Beowulf B: A Folk-Poem on Beowulf's Death. In: Early English and Norse Studies Presented to Hugh Smith [...] (ed. A. Brown und P. Foote), London, 1963.

Ders.: The Oral Formulaic Character of Anglo-Saxon Narrative Poetry. In: Speculum 28, 1953, S. 446–67.

Ders.: The Theme of the Beasts of Battle in Anglo-Saxon Poetry. In: NM 56, 1955, S. 81–90.

Ders.: Two Verses in the Old English Waldere Characteristic of Oral Poetry. In: PBB (Halle) 80, 1958, S. 214–18.

Alain Renoir: Judith and the Limits of Poetry. In: ES 43, 1962, S. 145–55.

Ders.: Point of View and Design for Terror in Beowulf. In: NM 63, 1962, S. 154–67.

H. L. Rogers: The Crypto-Psychological Character of the Oral Formula. ES 67, 1966, S. 89–102.

Robert D. Stevick: Christian Elements and the Genesis of Beowulf. In: MP 61, 1963, S. 79–89.

Ders.: The Oral-Formulaic Analysis of Old English Verse. In: Speculum 37, 1962, S. 382–89.

Ann Chalmers Watts: The Lyre and the Harp, New Haven, Conn., 1969.

William Whallon: The Diction of Beowulf. In: PMLA 76, 1961, S. 309–19.

Ders.: Formulas for Heroes in the Iliad and in Beowulf. In: MP 63, 1965, S. 95–104.

Literatur zur mittelenglischen Epik:

Albert C. Baugh: Improvisation in the Middle English Romance. In: Proceedings of the American Philosophical Society 103, 1959, S. 418–54.

Ders.: The Middle English Romance: Some Questions of Creation, Presentation and Preservation. In: Speculum 42, 1967, S. 1–31.

Marie Borroff: Sir Gawain and the Green Knight: A Stylistic and Metrical Survey, New Haven, Conn., 1962.

Ronald A. Waldron: Oral-Formulaic Technique and Middle English Alliterative Poetry. In: Speculum 32, 1957, S. 792–804.

Literatur zur althochdeutschen und altsächsischen Epik:

Michael J. Capek: A Note on Formula Development in Old Saxon. In: MP 67, 1970, S. 357–63.

Edward R. Haymes: Oral Poetry and the Germanic *Heldenlied.* In: Rice University Studies 62, 1976, S. 47–54.

Robert L. Kellogg: The South Germanic Oral Tradition. In: Magoun, S. 66–74.

Johannes Rathofer: Der Heliand, 1962.

Literatur zur mittelhochdeutschen Epik:

Andreas Aebi: Formelhaftigkeit und mündliche Komposition im Orendel, University of Southern California Diss., 1974.

Franz H. Bäuml: Transformations of the Heroine: From Epic Heard to Epic Read. In: The Role of Woman in the Middle Ages (ed. Rosemarie Thee Morewedge), Albany, N. Y., 1975.

Ders.: Der Übergang mündlicher zur artes-bestimmten Literatur des Mittelalters. In: Fachliteratur des Mittelalters: Festschrift für Gerhard Eis, 1968, S. 1–10.

Ders. und *Agnes M. Bruno:* Weiteres zur mündlichen Überlieferung des Nibelungenliedes. In: DVjs 46, 1972, S. 479–93.

Ders. und *Edda Spielmann:* From Illiteracy to Literacy: Prolegomena to a Study of the Nibelungenlied. In: FMLS 10, 1974, S. 248–59.

Agnes M. Bruno: Toward a Quantitative Methodology for Stylistic Analysis, Berkeley, Calif., 1974.

Michael Curschmann: Oral Poetry in Mediaeval English, French and German Literature: Some Notes on Recent Research. In: Speculum 42, 1967, S. 36–52.

Ders.: Spielmannsepik: Wege und Ergebnisse der Forschung von 1907–1965. In: DVjs 40, 1966, S. 434–78 und 597–647. Mit Ergänzungen und Nachträgen bis 1967, Stuttgart, 1968.

Daton A. Dodson: A Formula Study of the Middle High German Heroic Epic: Wolfdietrich A, Wolfdietrich B, and Rosengarten A, University of Texas Diss., 1970.

Gerhard Eis: Von der verlorenen altdeutschen Dichtung. In: Vom Werden altdeutscher Dichtung, 1962, S. 7–27.

Ruth Hartzell Firestone: Elements of Traditional Structure in the Couplet Epics of the Late MHG Dietrich Cycle, 1975.

Hans Fromm: Der oder die Dichter des Nibelungenliedes. In: Atti dei Convegni Lincei I: Colloquio italo-germanico sul tema: I Nibelunghi, Rom, 1974, S. 63–74.

Ders.: Die Erzählkunst des Rother-Epikers. In: Euphorion 54, 1960, S. 347–79.

Edward R. Haymes: Mündliches Epos in mittelhochdeutscher Zeit, ²1975.

Werner Hoffmann: Mittelhochdeutsche Heldendichtung, 1974.

Hans Dieter Lutz: Zur Formelhaftigkeit mittelhochdeutscher Texte und zur ›theory of oral-formulaic composition‹. In: DVjs 48, 1974, S. 432–447.

Ders.: Vorüberlegungen und Versuche zur statistischen Beschreibung der Adjektiv-Substantiv-Verbindung im Mittelhochdeutschen. In: DVjs 49, 1975, S. 465–501.

Ders.: Zur Formelhaftigkeit der Adjektiv-Substantiv-Verbindung im Mittelhochdeutschen, 1975.

D. G. Mowatt und *Hugh Sacker:* The Nibelungenlied: An Interpretive Commentary, Toronto, 1967.

W. Schwarz: Notes on Formulaic Expressions in Middle High German. In: Medieval German Studies Presented to Frederick Norman. London, 1965, S. 60–70.

Ders.: Die weltliche Volksliteratur der Juden. In: Judentum im Mittelalter, 1966, S. 72–91.

Armin Wishard: Composition by Formula and Theme in the Middle High German Spielmannsepik, University of Oregon Diss., 1970.

Literatur zur altnordischen Dichtung:

Winfred P. Lehmann: The Composition of Eddic Verse. In: Studies in Germanic Languages and Literatures in Memory of Fred O. Nolte, St. Louis, Mo., 1963, S. 7 14.

Lars Lönnroth: Hjalmar's Death Song and the Delivery of Eddic Poetry. In:

Speculum 46, 1971, S. 1–20.
Paul Beekman Taylor: The Structure of the Völundarkviða. In: Neophilologus 47, 1963, S. 228–36.

Altspanische Epik

Das Kernstück aller Betrachtung mündlicher Epik in spanischer Sprache bildet selbstverständlich der Cantar de Mio Cid. Die Cid-Forschung steht nach wie vor im Zeichen einer Auseinandersetzung mit den Theorien von *Ramón Menéndez-Pidal*. Er lehnte ausdrücklich alle Improvisation für die spanische Tradition ab. Die produktive Auseinandersetzung mit der Parry-Lord-Theorie findet hauptsächlich in den Studien *de Chascas* statt. Dieser wendet die neue Methodik sehr vorsichtig auf die spanische Epik an und bleibt manchen Zügen des »neotradicionalismo« von *Menéndez-Pidal* treu. Völlig ablehnend dagegen verhalten sich die britischen Hispanisten wie z. B. *Deyermond,* der einen gelehrten literarischen Autor für das Cid-Epos annimmt. *Webber* und *Beatie* haben die Formelsprache der spanischen Romanzen untersucht und starke Indizien einer mündlichen Komposition gefunden.

Literatur:
Bruce A. Beatie: Oral-Formulaic Composition in the Spanish Romancero of the Sixteenth Century. In: JFI 1, 1965, S. 92–113.
Edmund de Chasca: El Arte Juglaresca en el Cantar de Mio Cid, Madrid, ²1972.
Joseph J. Duggan: Formulaic Diction in the Cantar de Mio Cid and the Old French Epic. In: FMLS 10, 1974, S. 280–286.
Stephen Gilman: The Poetry of the ›poema‹ and the Music of the ›Cantar‹. In: Philological Quarterly 51, 1972, S. 1–11.
Ramón Menéndez-Pidal: Los Cantores épicos yugoslavos y los occidentales. In: Boletin de la Academia de Buenas Letras de Barcelona 31, 1965–66, S. 195–214.
John Miletich: Narrative Style in Spanish and Slavic Traditional Narrative Poetry. In: Olifant 2, 1974, S. 109–128.
Ruth H. Webber: Formulistic Diction in the Spanish Ballad, Berkeley, Calif., 1951.

Altfranzösische Epik

Ähnlich wie bei den Hispanisten gibt es in der Chanson-de-Geste-Forschung eine konkurrierende Forschungsrichtung der Traditionalisten. Diese Richtung, die von den Arbeiten *Rychners* ausgeht, schließt sich teilweise an Parry und Lord an. Rychner sieht in dem Chanson de Geste ein Dokument der Kunst der jongleurs, d. h. der französischen Spielleute. Er erkennt auch die Formelhaftigkeit auf jeder Ebene und die traditionelle Kompositionsweise an. Er zieht sogar die serbokroatische Heldenepik als Vergleichsmaterial heran und erwähnt die Arbeiten Parrys in seinem Hauptwerk, aber er geht in mancher Hinsicht seinen eigenen Weg. Das Schwergewicht seiner Argumentation liegt auf den »spielmännischen« Elementen der Dichtung und weniger auf den technischen Bedingungen der mündlichen Komposition. Bei den amerikanischen Forschern auf diesem Gebiet findet man dagegen eine relativ orthodoxe Anwendung der Parry-Lord-Theorie. *Duggan* bekämpft mit Hilfe seiner durch Computer zusammengetragenen Statistik die Vorstellung, daß formelreiche Dichtung an sich schlechter sei als formelarme, indem er die hohe Formeldichte der literarisch wertvollsten und wirksamsten Teile des Rolandslieds belegt.

Literatur:
C. W Aspland: A Syntactical Study of Epic Formulas and Formulaic Expressions Containing the -ant Forms in Twelfth Century French Verse, St. Lucia, Australia, 1970.
Joseph J. Duggan: The Song of Roland: Formulaic Style and Poetic Craft, Los Angeles, Calif., 1973.
Ders.: Formulas in the Couronnement de Louis. In: Romania 87, 1966, S. 315–44.
Tatiana Fotitsch: The Chanson de Geste in the Light of Recent Investigations of Balkan Epic Poetry. In: Linguistic and Literary Studies in Honor of Helmut A. Hatzfield, Washington, 1964, S. 149–62.
Renate Hitze: Studien zu Sprache und Stil der Kampfschilderungen in den Chansons de Geste, Genf, 1965.
Fred F. Jehle: A Study of the Formulaic Diction in the Poema de Mio Cid and the Chanson de Roland, Catholic University Diss., 1970.
Tod N. Luethans: Gormont et Isembart: A Description of the Epic as Seen in the Light of the Oral Theory, Harvard Diss., 1972.
Stephen G. Nichols: Formulaic Diction and Thematic Composition in the Chanson de Roland, Chapel Hill, N. C., 1961.
Jean Rychner: La Chanson de Geste, Genf, 1955.

Literatur zu einigen außereuropäischen Dichtungen:
Bendt Alster: Dumuzi's Dream: Aspects of Oral Poetry in a Sumerian Myth, Kopenhagen, 1972.
Bridget Connelly: The Oral-Formulaic Tradition of Sirat Bani Hilal, University of California (Berkeley) Diss., 1974.
Dies.: The Structure of Four Bani Hilal Tales: Prolegomena to the Study of Sira Literature. In: Journal of Arabic Literature 4, 1973.

Robert C. Culley: Oral Formulaic Language in the Biblical Psalms, Toronto, 1967.

Francis P. Magoun: Arhippo Perttunen, Elias Lönrot and Gallen-Kallela. In: NM 73, 1972, S. 209–213.

James T. Monroe: Oral Composition in Pre-Islamic Poetry. In: Journal of Arabic Literature 3, 1972.

Nabaneeta Sen: Comparative Studies in Oral Epic Poetry and the Vālmīki Rāmāyana: A Report on the Bālākānda. In: Journal of the American Oriental Society 86, 1966, S. 397–409.

Ram karan Sharma: Elements of Poetry in the Mahābhārata, Berkeley, Calif., 1964.

Mary Carroll Smith: The Core of India's Great Epic, Harvard Diss., 1972.

William Whallon: Formula Character and Context: Studies in Homeric, Old English and Old Testament Poetry, Cambridge, Mass., 1969.

Ders.: Formulaic Poetry in the Old Testament. In: CL 14, 1963, S. 1–14.

Richard Ernest Whitaker: A Formulaic Analysis of Ugaritic Poetry, Harvard Diss., 1969.

Michael Zwettler: The Oral Tradition of Classical Arabic Poetry, University of California (Berkeley) Diss., 1971.

IV. FORSCHUNGSAUFGABEN

In dieser Darstellung, wie in der oral poetry Forschung im allgemeinen, liegt das Hauptgewicht auf dem technisch-formalen Element der mündlichen Komposition. Von *Parrys* mechanisch anmutender Mosaik-Vorstellung bis zu von *Naglers* Versuch, in die Tiefenstrukturen unter der verbalen Gestalt zu dringen, gelten die Bemühungen hauptsächlich dem Bestreben, die von Parry entwickelten Begriffe besser, zutreffender zu definieren und anzuwenden. Es gibt immer noch viel auf diesem Gebiet zu leisten. Von linguistischer Seite her ist möglicherweise eine bessere Formeldefinition zu erwarten. Untersuchungen der syntaktischen und metrisch-syntaktischen Gebilde der als mündlich bekannten Lieder könnten größere Sicherheit in die bisher doch recht vagen Vermutungen bringen. Andererseits wäre es möglich, daß weitere Untersuchungen mündlicher Epik zu einer zuverlässigen Anwendung der Wiederholungsstatistik als Prüfstein zur Unterscheidung von mündlich und schriftlich führen werden.

Die Untersuchung traditionsgebundener Handlungselemente sollte in Verbindung mit der Struktur-, Motiv- und Erzählformforschung der internationalen Volkskundeforschung, besonders der der finnischen Schule von *Krohn* und *Thompson,* weitergeführt werden. Eine Vermittlung mit der morphologischen Methode

Propps ist in noch nicht veröffentlichten Studien *Beaties* bereits vorgenommen worden. Die traditionelle Zurückhaltung der meisten Literaturwissenschaftler der Folkloristik gegenüber dürfte durch Parrys Beispiel mindestens zum Teil vermindert worden sein. Ein Wiederanknüpfen an einige ältere Studien aus der Folkloristik wie die Beschreibung der epischen Gesetze von *Olrik* und die Schematisierung der Heldenlebensabläufe bei *Raglan, Rank, Campbell* und anderen (Übersicht bei *Taylor*) wird auch für die vergleichende Epenforschung Nützliches einbringen können.

Noch wichtiger sind wahrscheinlich die Konsequenzen für die Literatur-, Sozial- und Geistesgeschichte, die sich aus einer Berücksichtigung der mündlichen Theorie ergeben. Das Verständnis der formalen Kompositionsmittel der mündlichen Epik ist die entscheidende Voraussetzung für die Vorstellung, welche Rolle diese Dichtung in der vorliterarischen Gesellschaft gespielt hat. Schon allein die Vorstellung des mündlichen Epikers, er könne ein tausendzeiliges Lied wörtlich wiederholen, präjudiziert eine Denkweise, die an die Stabilität des Überlieferten glaubt, ohne zu wissen, daß diese nur relativ existiert. Die Mitglieder einer vorliterarischen Gemeinschaft glauben, daß sie die Tradition treu bewahren, während sich die Tradition allmählich der veränderten Wirklichkeit anpaßt (vgl. *Goody* und *Watt*, S. 31–32). Aber auch die Erwartungen der Gemeinschaft werden durch die überindividuellen Formen der Dichtung bestimmt. Das verbale Wissen der vorliterarischen Kultur wird vom mündlichen Epos und anderen ähnlich überlieferten Formen nicht nur übertragen, sondern auch geformt.

Die kulturelle Auswirkung der Schrift, nach ihrer Übernahme durch eine zuvor schriftlose Kultur, ist von kaum vorstellbaren Folgen. *Havelock* beschreibt die revolutionären Änderungen der altgriechischen Denkweise, die er als Wirkung einer Verbreitung der Lese- und Schreibkunst auslegt. Seiner Darstellung nach war das mündliche Epos der Hauptträger der kulturellen Inhalte vor der allgemeinen Verbreitung der Schrift. Er sieht die Ablehnung der Poesie bei *Platon* als Ablehnung der mündlichen Denk- und Übertragungsweise zugunsten der schriftlichen, d. h. der exakten, wissenschaftlichen. Sein »Preface to Plato« ist die ausführlichste Darstellung dieses Problemzusammenhangs, die bisher unternommen wurde; sie hat sogar auf die anthropologische Literacy-Forschung gewirkt (vgl. *Goody*, S. 3). *Bäuml* versucht in zwei neueren Aufsätzen, Teile von Havelocks Thesen für das deutsche Mittelalter anzuwenden – mit einigen zweifellos interessanten Ansätzen, obwohl er die Auswirkung der Schriftlichkeit auf die Aufnahme des Textes bei dem noch vorwiegend analphabetischen Hörerpublikum erheblich überbewertet. Bäumls Meinung, Ironie sei für ein analphabetisches Publikum unverständlich, da dieses keine Trennung zwischen Erzähler, Autor und Erzähltem kenne, bedarf freilich auch weitergehender Untersuchung.

Die oral poetry Forschung hat gezeigt, daß die vorliterarische Wortkunst Beträchtliches leisten kann, daß sie keineswegs als »primitiv« oder »kunstlos« zu gelten hat. Man hat heute mit einem wesentlich reicheren Bild der mündlichen Dichtung zu rechnen, als man es vor fünfzig Jahren tat. Bis zur Aufnahme dieser Erkenntnisse in unsere Literaturgeschichten und Handbücher wird gewiß noch einige Zeit vergehen, aber das starre Bild einer mündlichen Dichtkunst, die nur aus dem Bestand, was der schriftgebundene Gelehrte ihr zutraute, muß bald einer flexibleren Vorstellung weichen.

Literatur:

Franz H. Bäuml: Transformations of the Heroine: From Epic Heard to Epic Read. In: The Role of Woman in the Middle Ages (ed. Rosemarie Thee Morewedge), Albany, N. Y., 1975, S. 23–40.

Ders. und *Edda Spielmann:* From Illiteracy to Literacy: Prolegomena to a Study of the Nibelungenlied. In: FMLS 10, 1974, S. 248–59.

Joseph Campbell: Hero with a Thousand Faces, New York, 1949.

Jack Goody (ed.): Literacy in Traditional Societies, Cambridge, 1968.

Ders. und *Ian Watt:* The Consequences of Literacy. In: *Goody,* S. 27–68.

Eric A. Havelock: Preface to Plato, Cambridge, Mass., 1963.

Kaarle Krohn: Die folkloristische Arbeitsmethode, Oslo, 1926.

Michael N. Nagler: Spontaneity and Tradition, Berkeley, Calif., 1974.

Vladimir Propp: Morphologie des Märchens, 1972.

Lord Raglan: The Hero, 1936.

Archer Taylor: The Biographical Pattern in Traditional Narrative. In: JFI 1, 1964, S. 114–129.

Stith Thompson: The Folktale, New York, 1946.

REGISTER ZUR SEKUNDÄRLITERATUR

(kursiv gedruckte Zahlen beziehen sich auf Litaturangaben)

Aebi, A. *38*
Alster, B. *41*
Andrejeff, N. P. *6*
Angier, C. *34*
Arant, P. *29*
Arend, W. 20, *21*
Aspland, C. *41*
Astachowa, A. M. *6*

Bassett, S. 8, *10, 32*
Bäuml, F. VII, 14, 15, 18, 21, *27, 36, 38*, 44, *44*
Baugh, A. *38*
Beatie, B. 14, 16, *17, 40*, 43
Benson, L. 27, 32, 35, *37*
Beye, C. 20, *21, 32*
Bonjour, A. *37*
Borroff, M. *38*
Bowra, C. M. 2, 28, *29, 32*
Braun, M. VII, 3, *6*, 20, 28, *29*
Brodeur, A. *37*
Bruno, A. *39*
Buchan, D. 27, *29*
Bynum, D. 20, *21, 29*

Campbell, Jackson 15, *17*
Campbell, Joseph 43, *44*
Capek, M. 36, *38*
Cassidy, F. *13*
Chadwick, H. M. u. N. K. 28, *29*
Combellack, F. 8, *10*
Connelly, B. *41*
Coote, M. 20, *21*
Creed, R. *13, 37*
Crowne, D. 20, *21*
Culley, R. *42*
Curschmann, M. 16, *17, 39*

de Chasca, E. *40*
Diamond, R. *37*
Dihle, A. *32*
Dimock, G. *32*
Duggan, J. *40, 41*

Edwards, M. 32
Eis, G. 36, *39*
Emeneau, M. *29*

Fenik, B. 20, *21*
Finnegan, R. *29*
Firestone, R. *39*
Fotitsch, T. *41*
Frings, T. VII, 19, 20
Fromm, H. 36, *39*
Fry, D. 12, *13*, 19, 20, *21*, 35, 37

Gattiker, G. *13*
Gesemann, G. *29*
Gil'ferding, A. F. *6*
Gilman, S. *40*
Goody, J. 27, 43, *44*
Goold, G. *32*
Greenfield, S. 20, *21*

Hainsworth, J. 8, *10*, 31, *32*
Harkins, W. *29*
Havelock, E. 26, *27, 34*, 43, *44*
Haymes, E. *6, 13*, 14 ff., *21*, 36, *38, 39*
Heinemann, F. 20, *21*
Heitsch, E. 31, *32*
Heubeck, A. 31, 32
Heusler, A. 22, *24*, 36
Hitze, R. *41*
Hoekstra, A. 8, *10*, 31, *32, 34*
Hoffmann, W. 16, *17, 39*

Ingalls, W. *33*
Innis, H. 1, *6*

Jabbour, A. *37*
Jehle, F. *41*
Jensen, M. *34*

Karadžić, V. *6*
Kellogg, R. 34, 36, *38*
Kirk, G. S. 31, *32*

Sachregister

(einschließlich Autoren der Primärliteratur und Sänger mündlicher Epen)